沿線の近現代史

永江雅和

目次

CPCリブレ　No.5

小田急電鉄路線図

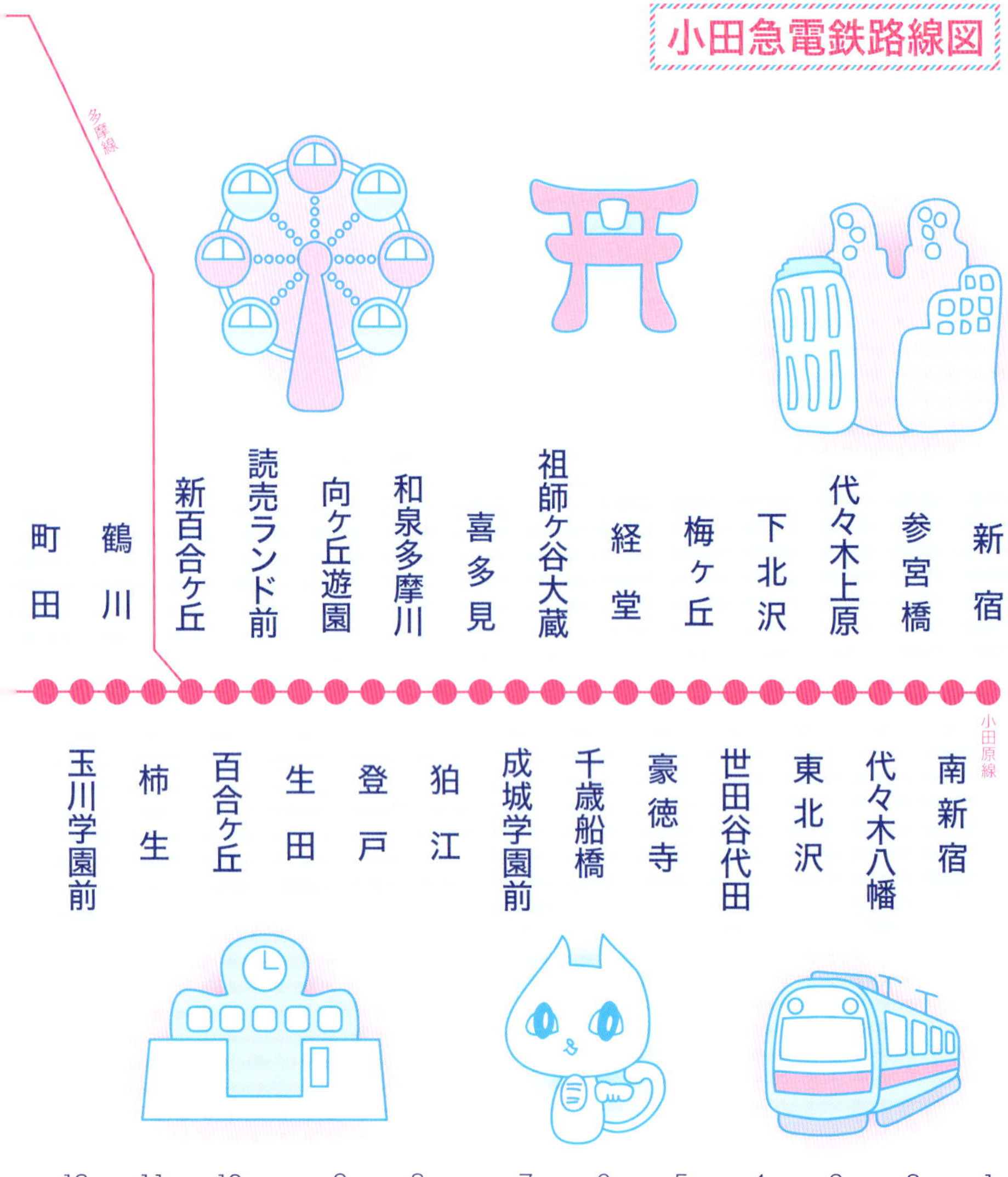

多摩線
新宿
参宮橋
代々木上原
下北沢
梅ヶ丘
経堂
祖師ヶ谷大蔵
喜多見
和泉多摩川
向ヶ丘遊園
読売ランド前
新百合ヶ丘
鶴川
町田
小田原線
南新宿
代々木八幡
東北沢
世田谷代田
豪徳寺
千歳船橋
成城学園前
狛江
登戸
生田
百合ヶ丘
柿生
玉川学園前

五月台
栗平
黒川
はるひ野
小田急永山
小田急多摩センター
唐木田
小田急相模原
座間
厚木
愛甲石田
鶴巻温泉
秦野
新松田
栢山
螢田
小田原
箱根登山鉄道
箱根湯本
強羅
箱根登山ケーブルカー
早雲山
箱根ロープウェイ
桃源台
相模大野
相武台前
海老名
本厚木
伊勢原
東海大学前
渋沢
開成
富水
足柄
江ノ島線
東林間
南林間
大和
高座渋谷
湘南台
善行
藤沢
鵠沼海岸
中央林間
鶴間
桜ヶ丘
長後
六会日大前
藤沢本町
本鵠沼
片瀬江ノ島

【裏表紙写真左】新宿駅（絵葉書）。新宿駅は1885年の開業以降、街の発展と路線の増加に伴い膨張を続け今日の姿を形成した。写真は1925年に完成した三代目の駅舎（東口）と考えられる。

【裏表紙写真右】箱根登山鉄道（絵葉書）。同鉄道は1888年に小田原馬車鉄道として開業し、1919年に箱根湯本－強羅間の登山鉄道の営業を開始した。写真は早川に架かる早川橋梁。「出山の鉄橋」の愛称で親しまれている。

第一章　私鉄経営と沿線開発——「阪急モデル」と小田急

阪急宝塚駅前「花のみち」にある小林一三像。その独創的な沿線開発手法は、関東私鉄経営者にも多大な影響を与えた（著者撮影）。

私鉄沿線の風景

若い方には産まれる前の話になりますが、アイドル歌手の野口五郎さんが歌った「私鉄沿線」（一九七一年、作詞：山上路夫、作曲：佐藤寛）という歌謡曲があります。かつて改札口でよく待ち合わせをして、一緒にコーヒーを飲んだ恋人のことを想う歌ですが、これが「国鉄沿線」、「JR沿線」、あるいは「営団地下鉄沿線」だと、いまいち歌にならない気がします。語呂の問題でもありますが、「私鉄沿線」から想起されるイメージとして、「学生」、「サラリーマン」、「通勤」、「学校」、「郊外」、「商店街」などがあげられるのではないでしょうか。地下鉄だと都心部のイメージになってしまいますし、国鉄（現JR）では場所にもよりますが、新中間層の生活以前からの、昔ながらの街並みと「旅」の気配が漂ってしまう。戦後の学生・サラリーマンの一定割合の層にとって、「私鉄沿線」が共通の風景を持っていたからこそ、このようなタイトルの歌が生まれたように思います。近代・現代の日本社会において私鉄、つまり民間鉄道会社はただ人を輸送するだけの存在だけではなく、住宅地を造り、学校を誘致し、百貨店や遊戯施設を運営するなど、広い意味での「街づくり」に取り組んできた歴史があります。これにもちろん地元の自治体や住民が呼応する形で新興市街地としての「私鉄沿線」の風景が作られてきました。本書では、その事例として関東私鉄の一つである、小田急電鉄を中心に取り上げて、その経営と沿線の歴史を考えてみたいと思います。

明治・大正期の鉄道政策と私鉄ブーム

近代日本の鉄道は、まず官営から始まりました。一八七二年に開業された新橋−横浜間の鉄道は有名ですが、これは政府によって開業されたものです。官営鉄道は江戸時代の中心的街道であった東海道に沿う形で延伸し、一八八九年に新橋−神戸間が完成しました。その間、企業設立ブームのなかで日本鉄道（一八八一年設立、上野−青森間など）や山陽鉄道（一八八八年設立、神戸−下関間）などの民間鉄道会社も、主として株式会社形態で創業されました。これが第一次の私鉄ブームであったということができます。しかし日清・日露戦争を経て、明治政府は主として軍事的観点から主要路線の国有化を構想し、日露戦争後の一九〇六年に制定した鉄道国有法によって国内主要路線の国有化を進めてゆきました。さらに一九〇〇年に制定された私設鉄道法が、新路線の設立に対して大変厳しい法律であったことから、民間鉄道会社の新設が一時停滞することになりました[(1)]。

この停滞を打開するきっかけになったのは「電車」の登場でした。それまでの日本の鉄道は蒸気機関車であったわけですが、一八九〇年に上野公園で開催された内国博覧会において東京電燈株式会社がアメリカ製路面電車の公開運転を行った結果、国内に路面電車ブームが起こりました。このブームの原因は二つあります。一つは当時の日本で蒸気力から電力へのエネルギー転換の兆しが生じつつあり、電車ブーム＝水力発電ブームでもあったという点です。一八九一年には琵琶湖疏水を用いた蹴上水力発電所が、国内最初の一般営業用水力発電所として運用を開始したことをきっかけに、水力発電所の設立ブームが起こり、これが電車ブームを後押しする形となります。もう一つは路面電車が当時、私設鉄道法の制限を受けず、軌道法という馬車鉄道を想定した法律の枠内で許認可されたことです。政府にとって当初電車は蒸気機関車の代替物ではなく、馬車鉄道の発展型という認識であったのでしょう。蒸気機関車よりも規制の緩い路面電車は発電事業の電力使用先としても有望であり、電力会社を設立した企業家が、路面電車を運行し、同時に沿線住宅地への配電も行うというビジネスモデルが普及したのです。この水力発電プラス電鉄会社という発想は、小田急電鉄の創業モデルにそのままあてはまるものです。その後の水力発電の普及は一九一四年に工業用の動力において蒸気力を電力が逆転する結果となったことからも明らかでしょう。

この軌道法を用いた路面電車開業で先進的事例となったのは京阪電気鉄道（一九一〇年に天満橋―三条間に路線を敷設）や、後述する箕面有馬電気鉄道（一九一〇年に梅田―宝塚間を開業）、大阪電気軌道（一九一四年に上本町－奈良間を開通）など、関西方面の鉄道会社でしたが、関東地方においても京成電気軌道（一九一一年に押上－市川間を開業）、京王電気軌道（一九一三年に笹塚－調布間で営業開始）などが追随する動きをみせ、またその後政府も軽便鉄道法（一九一〇年）や地方鉄道法（一九一九年）によりこうした動きを後押しする動きをみせた結果、明治末期から大正期にかけて二度目の私鉄ブームが発生したのです。小田急電鉄の創業はこうしたブームのなかで行われました。

小林一三と阪急モデル

水力発電ブームとともに始まった第二次私鉄ブームですが、この時期の路線の広がり方には大きく三つのパターンがありました。一つは市街地の内部を走る「路面電車」としての展開で、小田原市のように地方都市で発展をみせた地域もありますが、大都市では東京のように公共交通機関として買収され「市電（都電）」となったり、大阪のように当初から市電が計画されたりと、民間の事業が展開しにくい環境がありました。二つ目は、都市間を接続するもので、すでに主要都市間は官営鉄道が接続していましたが、関西地方等では県庁所在地間の接続の余地がありました。最後のパターンは、郊外への進出です。とはいえ、明治時代も末期になってくると、歴史ある街道筋にはすでに官鉄をはじめとする既存路線が走っていることが多く、また市街地化が進んでいる地域では用地買収が困難なことからも、新規参入が難しい状況になりつつありました。旧甲州街道沿いに敷設された京王電気軌道などは、むしろ幸運な事例に属するといえるでしょう。そうしますと、残るは市街地化の進んでいない郊外ということになります。多くの場合は温泉や景勝地の等の観光地を終点とすることで、旅客収入確保を目指しますが、路線途中に市街地が不足している場合、運賃収入の不足が危惧されました。

こうした三つのなかでも最も不利と思われる郊外への新興私鉄参入の先駆となったのが、私鉄沿線開発のパイオニア、小林一三（一八七三〜一九五七年）です。小林は山梨県北巨摩郡韮崎町の豪農の家に生まれ、慶應義塾大学を卒業後、三井銀行に入行しますが、その後同行を退職し、一九〇七年に設立された箕面有馬電気軌道（現阪急電鉄）の経営者となりました[2]。そして独創的な沿線開発手法により、私鉄である阪急沿線を、大阪・兵庫エリア随一の高級住宅地とすることに成功したのです。その手法は次のようなものでした。

始点の梅田駅は大阪のオフィス街の中心に近く、新路線はこの近辺で勤務する勤め人の通勤路線としての収入が見込めます。しかし創業当時の箕面有馬軌道の沿線は一面の農村地帯であり住宅地はありませんでした。ここで小林は沿線に電鉄会社自らが住宅用地を造成して分譲することを考えます。需要があるところに鉄道を引くのではなく、鉄道を引いた場所に需要を創出するという発想です。沿線用地買収時には鉄道用地であることを極力秘匿して代理人に買収を依頼して価格の高騰を予防し、また可能な限り村有・部落有財産の山林、草地などを選び、交渉相手を少なくするなど、巧妙な手法で広大な用地を獲得し、これを造成して高級住宅地として分譲してゆきました[3]。沿線に住宅地を造ることで、鉄道の乗客と、彼等の住む街を「創造」したのです。

これだけではありません。運輸業にとって、一番の経営的ロスは「空輸送」です。いくらラッシュ時に特定の路線だけが混雑しても、その他の時間帯や折り返し方向がガラガラでは経営効率が悪化します。平日の通勤客をあてにするだけでは平日朝の上り線、夕方の下り線のみが混雑することになり、日中や休日の乗客が見込めません。小林は休日対策として、梅田ターミナル付近にあった百貨店を買収します。さらに少し後のことになりますが、沿線に関西学院、神戸女学院などの学校を積極的に誘致します。郊外にある学校への通学は下り線乗客の誘致対策になります。

そして最も有名なのは終点の宝塚温泉の開発です。開業当時の宝塚温泉はのどかな農村地帯であり、観光資源としての魅力は不十分と考えられました。そこで小林は武庫川左岸の埋め立て地を買収し、そこに大理石造りの大浴場と家族向け温泉からなる「宝塚新温泉」を建設し、一九一一年に開業しました。新温泉には遊戯施設も併設され、後の宝塚ファミリーランドという電鉄系遊園地のはしりとして発展を遂げてゆきます。この宝塚新温泉内の催し物の一つとして始められた少女唱歌隊が、今日の宝塚歌劇に発展してゆくことになりました[4]。

鉄道会社を経営するにあたり、運賃収入にだけ依存するのではなく、百貨店や娯楽産業、住宅産業を多角的に経営し、沿線一帯の開発を総合的に進めてゆく、小林の経営手法、いわゆる「阪急モデル」は、当時の私鉄業界に大きなインパクトを与え、その後関西だけではなく、関東地方の私鉄経営者にも影響を与えてゆきました。「阪急モデル」のフォロワーとしては現東急電鉄の五島慶太や、現西武鉄道の堤康次郎などが有名ですが、本書で取り上げる小田急電鉄の経営者も大きな影響を受けています。

後発私鉄としての小田急電鉄と創業者利光鶴松

本書の主題となる小田急電鉄（設立時の名称は小田原急行鉄道株式会社ですが、以下小田急で統一します）は一九二三年に設立され、開業は一九二七年と、首都圏の私鉄会社としては比較的後発に属する会社です。創業者の利光鶴松（一八六三～一九四五年）は大分県大分郡稙田村（現大分市）の農家に産まれました。上京後、五日市町（現あきる野市）で勧能学校の教員となりましたが、同地で自由民権運動の流れをくむ自由党関係者と交流し、政治の世界を志すようになります。この自由党関係者との交流は、その後の小田急創業にあたって重要な人脈となってゆきますので、覚えておいていただきたいです。明治法律学校（現明治大学）で学び、代言人（弁護士）資格を獲得した利光は、法曹活動の傍ら自由党員として政治の世界に没頭してゆき、東京市議会議員、衆議院議員として活動しますが、一九〇二年に政界を去り、その後実業の世界に転身しました[(5)]。

利光は東京市街鉄道や千代田瓦斯、京成電気軌道などいくつかの事業に携わりますが、小田急に直接関わるものとして重要なのは、鬼怒川水力電気を一九一〇年に創設したことです。これは前述した当時の水力発電ブームに乗った形になりますが、当時の電力会社は現在の地域独占状態とは異なり、中小の発電会社が販路を求めて激しく競合する状態にありました。そのため電力会社にはただ発電・配電するだけでなく、大口の安定した電力販売先が必要とされていました。ここで利光は、余剰電力の販売先として電鉄会社を自ら創業することを構想します。元東京市議会議員であった利光は当初、都心での鉄道営業を計画し、東京市内の地下鉄網「東京高速鉄道」・山手線を外周する「東京山手急行電鉄」・城西地区の開発を目的とした「渋谷急行電鉄」などを次々と企画しましたが、多くは実現しませんでした。そのため利光は小林一三同様、「郊外」にチャンスを見出そうとします。一九二三年五月一日、東京は新宿から神奈川県の小田原市を結ぶ小田原急行鉄道株式会社（資本金一三五〇万円）を設立し、取締役社長に就任しました。創立直後に関東大震災（一九二三年九月一日）に襲われるという思わぬ事態に遭遇しますが、震災の結果、東京都心東部に大きな被害が発生し、その後都心人口の郊外流出が進行したことは、同社の社運にとって、むしろプラスに作用したと言えるかもしれません。また同線が通過する厚木・秦野などの神奈川県内陸部の自治体は、東海道線が沿岸に建設されたことで、相対的衰退に脅かされていた地域であっただけに、同線の開業に協力的姿勢を見せました。その結果、用地買収と建設工事は比較的順調に進み、一九二七年四月一日に、一部単線ながら新宿－小田原線の全線開業に辿り着きました[6]。以後同社は「阪急モデル」を参照するような形で、百貨店開業、遊園地建設、住宅分譲と事業の多角化を進めてゆくことになります。

とはいえ、小田急線の開業時期は阪急よりやや遅れており、関西と関東の地域事情も異なることから、全く阪急と同じような道筋を辿ったわけではありません。本書ではこの後の章で、小田急電鉄と沿線自治体・住民・企業が、駅の設置から沿線開発を時には協力し、また時には対立し、交渉を経ながら進めてゆく過程を中心に見てゆくことにしたいと思います。

［註］

(1)老川慶喜『日本鉄道史　幕末・明治篇』（中央公論新社、二〇一四年）。

(2)三宅晴輝『小林一三伝』（東洋書館、一九五四年）。

(3)中村尚史「郊外宅地開発の開始」（橋川武郎・粕谷誠編『日本不動産業史』名古屋大学出版会、二〇〇七年所収）。

(4)津金沢聡広『宝塚戦略―小林一三の生活文化論』（講談社、一九九一年）。

(5)小田急電鉄株式会社編『利光鶴松翁手記』（大空社、一九九七年）。

(6)小田急電鉄株式会社『小田急五十年史』（小田急電鉄株式会社、一九八〇年）。

第二章　「副都心」新宿の形成と駅ビル建設

新宿伊勢丹本店ビル（絵葉書）。神田で創業した伊勢丹呉服店の新宿移転は、「副都心新宿」を象徴する出来事となった。

江戸時代「内藤新宿」の形成

小田急線の始発駅である新宿。西側には東京都庁をはじめとする高層ビル群が立ち並び、東側には国内最大級の歓楽街である歌舞伎町を擁するこの街は、JR、地下鉄のみならず、小田急、京王、西武など多数の私鉄の始発駅を擁する交通の要衝となっています。第二章ではこの「副都心」新宿の成り立ちを見てゆくことにしましょう。

新宿という地名は江戸時代の宿場、「内藤新宿」に由来しています。江戸の市街地形成は、徳川家康による江戸城建築により本格化します。一六三六年に開始された江戸城の総構築造の工事により赤坂―四谷―市ヶ谷―牛込の線に城の外堀が築かれ、その際にそれまで外堀の内側にあった寺院の多くが移転を強いられることになりました。移転した寺院は四谷、市ヶ谷、牛込などに再構築され、これらの寺の門前町が新たに形成されてゆくことになります。[1]

江戸時代、江戸の町は大火に見舞われることが多く、明暦大火（一六五七年）以降、それまで曲輪内にあった大名屋敷の移転が進み、市街地の外延的拡大が進んだ結果、「内藤新宿」あたりまでが市街地に含まれるようになりました。[2]密集した市街地が火災に弱いというのは、江戸・東京の都市形成を語るうえで重要な論点です。その後、甲州街道、青梅街道などの街道整備が進むなかで、浅草の名主喜兵衛ほか四名が幕府に新しい宿の建設を申請して新しい宿を建設しました。宿の土地には信州高遠藩内藤家の屋敷があったことから、この土地を「内藤新宿」と呼ぶようになったのです(3)。

新宿区誕生と新宿駅

明治時代に入り、一八七八年に制定された区制・郡制により誕生した区のうち、現在の新宿区領域には四谷区、牛込区、南豊島郡が設置されました。その後の自治体再編により南豊島郡のいくつかの町村が四谷区、牛込区に吸収される一方で、郡内では内藤新宿町、大久保村、落合村、淀橋町などが誕生し、戸塚村も規模を拡大しました。また南豊島郡は明治二九年に豊多摩郡に再編されることになります。行政区としては一九三二年に豊多摩郡内の淀橋町、戸塚町、大久保町、落合町が合併し淀橋区が誕生し、少し先の話になりますが、一九四七年に四谷区、牛込区、淀橋区が合併して、現在の新宿区が誕生したのです。

明治維新以後、内藤新宿付近にあった江戸時代の武家屋敷の多くは陸軍戸山学校、陸軍士官学校、陸軍砲工学校、陸軍経理学校などの軍事施設に転用され、新宿は「軍の街」としての性格を持つようになります。新宿駅はそして一八八五年、日本鉄道による赤羽品川間、品川線（現ＪＲ山手線）の駅として、誕生しました。その後八九年に甲武鉄道（現ＪＲ中央線）が新宿－立川間で開通したことにより、新宿駅は日本鉄道と甲武鉄道の共同使用駅となりました。その後一九〇六年に甲武鉄道が国鉄に買収され、国鉄新宿駅となったのです。[4]

関東大震災と新宿の開発

一九二三年、首都圏を襲った関東大震災は東京の市街地、特に江戸川、隅田川沿いの東部に大きな被害を与えました。その被害は地震そのものというよりも、その後発生した火災による被害が大きかったことがよく知られています。その結果、江戸時代と同様、東京の人口が都心から郊外に流出していくという現象が起こりました。特に東京西部の武蔵野台地の高地（山の手）への移動が活発化したのです。新宿でも震災被害は存在しましたが、その程度は江東方面に比べれば軽微であり、むしろ被害によって都市の再開発が促進されたという側面も存在したのです。

住宅の郊外移動と軌を一にして、都心と西郊を結ぶ交通機関の建設が活発化します。一九二七年には本書の主役である小田原急行鉄道が、新宿を始発として開通しました。京王電気軌道（現京王電鉄）は一九二七年に京王新宿ビルディングを完成させ、新宿松屋デパート（テナント）を開業し、西武鉄道も同年に高田馬場－川越間の直通運転を開始し、事業を拡大しました。これら私鉄の活動活発化に伴い、新宿の市街地化も加速し、三越の新築開店（一九三一年）、伊勢丹の神田から新宿への移転（一九三三年）などに加え、新歌舞伎座、末広亭などの娯楽施設も相次いで建設されてゆきました[5]。なかでもそれまで東京東部の百貨店・呉服店であった伊勢丹が新宿に本店を移転したことは、その後の新宿の発展における象徴的な出来事であったと言えます。当時の伊勢丹の決断について、社長の小菅丹治による回想が残されています。「伊勢丹の前身伊勢丹呉服店は、明治十九年神田に創業し『帯と模様の伊勢丹』で東都呉服業界に覇をなしました。この間、明治から大正へと文明開化時代の推移とともに、旧来の呉服店はつぎつぎと百貨店へと衣更えし、かたがたかつての中心神田も関東大震災後はその衰退の色が目立ってまいりました。伊勢丹においても今後の発展の地を定めるべく、銀座、京橋といろいろ候補適地を物色しましたが、人口の郊外移動、郊外電車の発展等からみて将来の都心は西郊新宿にあると確信し、当時早稲田の学生さんを使って交通、人口動態などつまり今日でいうマーケット・リサーチを早くから行いました。既にこの頃新宿駅の改築も終り、小田急の開通を加え新宿駅は大新宿の中心として今日の躍進の象徴を物語っているようでした。伊勢丹が新宿に進出して三十一年、新しい駅ビルも完成し、新宿は名実共に新しい都心としての景観を整えておりますが、昔をしるものにとっては感無量に堪えない次第です」[6]。

以後新宿は地元住民に加えて中央線、小田急線、京王線、西武線の各沿線住民を巻き込み、若い学生、文化人、知識人、サラリーマンの街として急速に発展してゆくことになります。当時の新宿の雰囲気を伝える次のような文章があります。「新開地だから郊外には伝統がない。住む家も土地も祖先のものではない。しかし、それだけ若さと自由があった。貧しいけれど溌らつとして発展性を持っていたのである。文化的色彩も市内に比べると近代的、小市民的な新しい感覚に富んでいた。東京のいわゆる青白きインテリ文化は、この郊外に起こって、逆に市民を蚕食したのであった」[7]。

関東大震災のもう一つの影響は、歓楽街の形成にありました。もともと新宿には旧街道筋に江戸時代からの遊郭が存在していました。この遊郭は一九一九年の警視庁令により、街道から離れた二丁目付近（牛屋が原）に一斉移転が進められることになります。移転は業者による抵抗により難航し、数度の不審火が起こるなど困難な道筋を辿りましたが、最終的に一九二一年には移転が完了することになります。その後関東大震災で吉原・洲崎などの遊郭が全滅しましたが、新宿の歓楽街の被害は相対的に軽微であったため、新宿駅東部の歌舞伎町は、以後東京最大の歓楽街として一層の発展を遂げることとなったのです[8]。

小田急線の開通

さていよいよ本題の小田急線開業です。小田急は当初東京高速鉄道の名称で、一九一九年に新宿－日比谷－大塚間の地下鉄建設として計画されましたが、これは株式募集の不調と内務省の不許可により頓挫しました。その後、地下鉄延長の名目で新宿－小田原間の免許を取得して工事を開始することになります。途中関東大震災で工事が中断しながらも、全線八二キロを約一年半の突貫工事で開通（一部単線）させました。開業時の小田急駅舎は小規模なものであったらしく、「小さい木造駅で、客を待つ人力車が常に五、六台とまっていた。広場のすぐ西には煙草専売局、駅から青梅街道と甲州街道に出る道は、駅の方の片側だけが商店街で、専売局側は露天の並ぶ通りであった」[9]と言われています。

実は当初、小田急新宿駅は現在の位置より遠い所に計画されたようです。小田急史について多くの文献を記されている生方良雄氏の著作によれば、当初小田原急行は新宿三丁目付近での駅設置を計画していましたが、鉄道省からの意見により、国鉄用地の一部払い下げを受けることによって新宿西口に国鉄と並列する形の駅を設置することとなったと記されています[10]。その計画変更の結果、国鉄との連携が容易になり、小田急にとっても発展がもたらされたと言えますが、直前の駅位置変更と当時路面電車であった京王との交渉過程の結果、新宿－南新宿（千駄ヶ谷新田）間に急カーブが生じる結果となってしまいました。このような事情で新宿の東口と西口の距離が広がった結果、国鉄の下を潜り抜け、東口から西口のヤキトリ横丁に抜ける地下通路が建設されたのだそうです。[11] また一九三一年には小田急・京王・東横の三社合同によるユニオン・ステーション建設計画が浮上し、内務省も三二年、西口専売局跡地に三私鉄を含む新駅の建設を計画しましたが、これは戦時体制のなかで計画が行き詰まり、実現することはありませんでした。[12]

戦後「民衆駅」から西口開発へ

鉄道の駅の建物に百貨店が入ったり、多様な商店が出店してそれ自体が大規模商業施設となる「駅ビル」の存在は海外にあまり先例がなく、日本独自の都市風景だと言われます。新宿の駅舎も数度の建て替えを経験していますが、本格的な駅ビルと呼べるようになったのは、一九六四年に建設された新宿ステーションビル（その後名称はマイシティ→ルミネエスト）であると言えるでしょう。

この駅ビルは国鉄が傘下にビル会社（新宿ステーションビルディング会社）を設立し、これに伊勢丹、高島屋、西武グループ、丸正、鉄道弘済会などが株主となって建設されました。これは民間資本の参加を求めて駅ビルを建設する手法で「民衆駅」と呼ばれるものです。同様の手法で建設されたものに、東京駅八重洲口や池袋駅などをあげることができます。しかしターミナル駅に出店できれば競合他店に対して優位に立てることから、その参加を巡っては激しい争いがあった模様です。当初高島屋が一九五三年に単独で駅ビル建設の請願を出しましたが、これに伊勢丹や、地元商店街系資本が反発した結果、一九六一年に民衆駅方式で起工されることになったという経緯がありました[13]。調整に八年間もかかったのですから、相当紛糾したのでしょう。結果として駅ビルは公共の駅であることが強調され、当初計画されていた外部テナントよりも、地元商店の出店に多くのスペースが割かれることとなりました[14]。

ビルは地上八階、地下三階と、当時の全国三六駅ビル中、最大規模であり、中央線、山手線、総武線、小田急線、京王線、地下鉄線の六線に加え、将来的に西武線を引き込む予定で建設され、ビルの2階部分はそれを前提に設計されていましたが、その後の通勤電車の編成の増加にビルの設計が対応できず、結局西武線の引き込みは断念されました。また民衆駅から排除される形になった高島屋は、西口の京王デパートと業務提携して後年駅内で出店することになり[15]、また一九九六年には新宿駅貨物場跡地に紀伊國屋書店、東急ハンズと協力して高島屋タイムズスクエアをオープンしたのです。これには新宿という土地に掛ける高島屋の執念をみることができるような気がします[16]。

新宿駅西口の本格的な開発は、一九五〇年にバスターミナル広場が建設されて以降のことになります。当時西口に広がっていた淀橋浄水場を移転させ、跡地利用をする計画は、五四年以降区議会・商工会議所で検討されてきました。新宿西口側には、戦後の闇市をルーツとするバラック商店街が広がっていましたが、新宿区はビルを建築し、そのなかへ旧店舗の入居を進めることで空地を確保し、再開発を進めてゆきました。駅ターミナルビルとしては六四年開店の京王ビルが出発点であり、前述した高島屋との提携による京王デパートが開店することになります。

一方小田急は西口に一九六二年、小田急デパートを開業します（現ハルク）、このビルは地下三階、地上八階と当時区内最大のビルであり、開店当初は東口に客を奪われがちだった地元商店街からも提灯の飾りつけで歓迎されたと言います。しかしこのデパートは駅からは独立したビルであり、駅舎改築に伴う百貨店計画も並行して進められました。一九六二年に私鉄では史上初の上下二段式ホームが建設されたほか、駅舎は国鉄・地下鉄との共同で建設が進められ、新宿地下鉄ビルと小田急新宿駅ビルを接続した、小田急デパート本館が六七年に開店します。

西口の立体広場は小田急電鉄が新宿副都心建設会社の委託により、一九六四～六六年の二年がかりで総工費四七億円をかけて完成させたものです。この西口広場は地階まで自動車が入る世界初の駅前立体広場であり、地上広場では二万四六〇〇平方メートルで約六〇系統のバス発着を可能にし、地下は四三二台収容できる駐車場を備えた当時世界最先端の駅前広場として新宿西口の新しい顔になっていきました[17]。

[註]

⑴東京都新宿区『新宿区史』(東京都新宿区、一九八八年)一一頁。

⑵前掲『新宿区史』一二頁。

⑶前掲『新宿区史』一三頁。

⑷武英雄『内藤新宿昭和史』(紀伊國屋書店、一九九八年)一七九頁。

⑸前掲『新宿区史』二四頁
⑹東京都新宿区『新修　新宿区史』(東京都新宿区、一九六七年)一九二頁。

⑺芳賀善次郎『新宿の今昔』(紀伊國屋書店、一九七〇年)二〇九頁。原典は高橋碩一編『東京歴史散歩』(河出新書、一九五七年)。

⑻前掲『新宿の今昔』一九七頁。

⑼前掲『新宿の今昔』二一四頁。

(10)生方良雄『小田急の駅 今昔・昭和の面影』(JTBパブリッシング、二〇〇九年)四〇頁。
(11)河村茂『新宿・街づくり物語―誕生から新都心まで三〇〇年―』(鹿島出版会、一九九九年)五三頁。
(12)新宿区立新宿歴史博物館編『ステイション新宿』(新宿区教育委員会、一九九三年)五三頁。
(13)前掲『新宿の今昔』三〇二頁。
(14)前掲『内藤新宿昭和史』一八一頁。
(15)前掲『新宿の今昔』三〇三頁。
(16)前掲『内藤新宿昭和史』一八七頁。
(17)前掲『新宿の今昔』三〇六頁。

第三章　「ファッションの街」渋谷と代々木公園

明治神宮鳥居（絵葉書）。明治天皇と昭憲皇太后を祀る同神宮は、東京市民の要請によって1920年に完成した。表参道は東京を代表するファッションストリートである。

渋谷区の由来

　小田急線が渋谷を通っていると聞いて、怪訝に思う方がいるかもしれません。小田急の始発駅は新宿であり、その後世田谷方面に向かっているというのが一般的なイメージで、渋谷というと東急線のターミナル駅という印象のほうが強いからです。しかし区の単位で考えると小田急線はむしろ新宿区をほとんど通過していないというのが現実で、南新宿駅から参宮橋、代々木八幡、代々木上原までの四駅が渋谷区内にある駅なのです。若者には「ファッションの街」として知られる渋谷の歴史について、ここでも小田急線と絡めながらお話したいと思います。

　渋谷区は武蔵野台地の一部、標高三〇～六〇メートルの淀橋台地に大部分が位置しています。台地のなかを渋谷川（現在は多くが暗渠になっています）が流れ、開析谷と呼ばれる低地を形成しています。「渋谷」の地名の由来は、この谷状の地形から来ているわけですが、渋の部分については、渋谷川が鉄分を多く含み、流水が赤茶けていたことからきたという説があります。

　明治時代に入ると一八八九年の市制町村制の施行により、上渋谷・中渋谷・下渋谷の三村と麻布・赤坂両区の一部を加えて渋谷村が、そして代々木・幡ヶ谷の両村で代々幡村、千駄ヶ谷・原宿・穏田の三村で千駄ヶ谷村が成立します（後に三村とも町制に以降）。その後一九三二年に渋谷町、千駄ヶ谷町、代々幡町が合併し、東京市渋谷区が成立しました。

一九二三年の関東大震災時、新宿同様山の手に位置する渋谷区の被害は比較的軽微でありましたので、震災後は同地に人口が流入します。一九二五年には山手線が環状運行を開始し、その後一九二七年に小田原急行鉄道（新宿－小田原間）、東京横浜電鉄（渋谷－神奈川間）、一九三三年に帝都電鉄（現京王井の頭線：渋谷－井の頭公園間）が開業すると沿線の宅地化も進行してゆきました[1]。

代々木練兵場と明治神宮

渋谷の発展に大きな影響を与えたのが代々木練兵場（現代々木公園）です。同練兵場は一九〇九年に設立され、麻布・赤坂の歩兵連隊の訓練地として使われていました。練兵場付近は当時田畑が広がる農村地帯でしたが、一九〇七年頃から用地の買収が始まり、一九〇九年頃に完成しました。買収価格は坪当たり一円という話から三・五～四・五円であったという話までありますが、いずれにせよ当時としてはかなり高額での買収であり、当時買収を受けた農家の発言として「土地が坪当たり一円になればもう麦飯などは食べていられない。土地を一反も売ればその金で三年や四年で食べていけるのだから白い飯が食べられる[2]」というものが残っています。ただ練兵場造成のため地面を掘り返した結果、赤土が舞い上がり、南風が吹くと市街地方面に降りかかるという被害が発生したようです。付近住民の回想として練兵場から舞い上がる砂ぼこりの影響で「縁側などでは積もったほこりの上に指で字が書けましたし、洗濯物は真っ赤になってしまいました。そのほこりは、新宿の方に飛んでいったのです」[3]という記録が残っています。独身男性の多い軍人が集まる軍施設の近くには、歓楽街が形成されることが多いですが、代々木も例外ではなく、将校達の花街として、現在はホテル街として有名な、円山町が発展してゆきました。

また代々木練兵場に隣接する形でこの地に建設されたのが明治神宮です。明治神宮は明治天皇、昭憲皇太后の御霊を祀るために建設された神社であり、日本財界の父と呼ばれる渋沢栄一や、元東京市長の阪谷芳郎ら東京市民の運動により、同地に建設が決まった神社です。用地はもともと彦根藩主井伊家の下屋敷があった土地ですが、市民の要望により同地に建設が決定し、一九二〇年に完成しました[4]。JR原宿駅はこの明治神宮の正門付近に設置されており、同神宮の表参道は日本を代表するファッションストリートとして現在も賑わいを見せています。

ファッションといえば、少し時代が先の話になりますが、第二次大戦後、練兵場跡地には占領軍である米軍兵士の宿泊施設、ワシントン・ハイツが建設されました。米軍兵士の古着や放出品が渋谷の街で販売されるようになったことが、アメリカの洋服が安価で手に入ると若者の間で人気を呼び、渋谷・原宿がファッションの街として発展する契機になったという話が残っています。

ワシントン・ハイツは東京オリンピック（一九六四年）を機に日本に返還され、選手村、代々木国立競技場、ＮＨＫ放送センター、代々木公園などに生まれ変わり、今日都民の憩いの場となっています。[5]

渋谷区と小田急

小田急小田原線には前述しましたように、渋谷区内に南新宿－参宮橋－代々木八幡－代々木上原の四駅が現存しますが、さらに開業当時には南新宿と参宮橋の間に「山谷」という駅が存在しました。付近には田山花袋、高野辰之、岸田劉生など、文化人が多く居住していましたが戦後一九四六年に廃止駅となっています。[6]

南新宿駅は開業当初は「千駄ヶ谷新田」駅の名で設置されました。後に小田急本社ビルが隣接して設置されたため、一九三七年に「小田急本社前」と改称、さらに一九四二年の東急合併により「南新宿」となりました。新宿といいますが、住所は渋谷区代々木です。[7]かつてこの付近では小田急線敷設を巡り、地元住民から反対運動があったという記録があります。当時、この地域では山手線代々木駅が設置されたばかりであり、新宿に近い近隣住民は同線のメリットを感じることが少なく、また当時山手線の踏切事故が多発していたことから、鉄道に対する危険意識のほうが先行したもののようです。交渉は二年に及びましたが、小田急副社長で政友会千駄ヶ谷支部長でもあった楠熊治郎らが奔走し、鉄道敷設が地元の繁栄につながるとの説得が繰り返された結果、一九二五年に「円満に」解決したと伝えられています[8]。

参宮橋駅の由来となる参宮橋は、明治神宮の西参道が小田急線を横切る橋の名称です。参宮橋のかかる西参道のことを地元で一三間道路と呼ぶ人がいるそうですが、これは道路の道幅が一三間（約二四メートル）であるからで、練兵場で訓練を行う砲兵隊が、路上で砲台のUターンを行えるよう、道路幅を設定したものと言われています。当時は甲州街道ですらこの三分の一くらいの幅しかなく、地元の住民が驚くほど広い道路であったそうです[9]。参宮橋駅の改札を出て右手の十三間道路方面に歩く途中、「陸軍省所轄地」と刻まれた石標を見ることができます。これは参宮橋駅の敷地と小田急線路の敷地が、陸軍の代々木練兵場の用地を賃借して造られた名残りであるそうです。陸軍から用地を借りたこともあって、軍の行進は電車に優先であったらしく、駅付近の踏み切りを軍隊が行進する時は、電車のほうが停車して通過を待ったと言われています[10]。また現在の東京乗馬倶楽部付近には清岸寺という寺院があり、参宮橋付近の線路はかつて同寺の墓地があった場所であるといいます[11]。

代々木八幡の駅名は鎌倉時代に建設された代々木八幡宮に由来し、境内には代々木練兵場建設のため移転を強いられた人々が刻んだ記念碑が残されています。同駅は八幡宮の立地する台地を迂回するように造られた関係で、半径二〇〇メートルの急カーブを描く駅舎となっています。同駅付近は富ヶ谷町の北の外れに位置し、渋谷川の源流となる宇田川・河骨川を形成する湿地帯であり、唱歌『春の小川』のルーツとなった場所と言われています。[12] 駅付近には田んぼがあったと言われていますが、「底なし田んぼ」と呼ばれる、排水不良の湿田であったらしく、反収も三俵程度と低く、味も商人からの評価が低かったようです。[13] 駅付近も一九一七年頃まで葦原のままであり、関東大震災後から人口が増え、街らしくなってきたそうです。付近の富ヶ谷町や深町は徳川宗家一六代の徳川家達、三菱一族の岩崎康弥など華族層の所有地が多く、特に旧佐賀藩の鍋島直映は、一九三五年時点で富ヶ谷町に約三万七六〇〇坪、本町に約七二〇〇坪の土地を所有しており、当時の渋谷区高額納税者の首位に君臨していたといいます。[14]

高級住宅地代々木上原

現在高級住宅地として知られる代々木上原駅（一九四一年までは代々幡上原駅）地区は、文字通り代々幡村の上原地区と呼ばれる地域でしたが、同地が宅地化していったのは京王線の新宿─調布間が開通した一九一五年頃からでした。同地は小田急線敷設前にも渋谷駅から徒歩二〇分、京王線幡ヶ谷駅から一五分の位置にあり、地元の大地主、加藤家、伊藤家、荻島家が東京帝国大学農科大学（現東京大学駒場キャンパス・目黒区）の裏門に「代々木新開地事務所」を設置し、三万二〇〇〇坪の開発に乗り出し、貸家九六戸を建設・売却する計画を立案したことがその始まりと言われています[15]。

また小田急線渋谷区最西端に位置する大山には一九一三年に鈴木善助という人物が開園した「大山園」という遊園地が存在したそうです。その後同園は船成金で知られる山下亀三郎が引き継ぎ、一九二一年に山下住宅と呼ばれる賃貸住宅七〇戸が建築されました。近傍の玉川上水にかかる「山下橋」の名にその痕跡が残っています[16]。その後小田急線開通後には箱根土地も参入して本格的な住宅分譲が計画され、一九三一年に第一次分譲、一九三六年に第三次分譲が行われたことが確認できます[17]。このように小田急線の開業は上原・西原・大山地区の住宅地化を一層加速させ、地主達は田畑を潰して植木屋になったり、貸地・貸家経営に進出するようになったといいます。有名なところでは、関東大震災後、本郷から駒場に移転してきた華族の前田侯爵家が、東京大学から取得した土地の一部である水道道路（現・井の頭通り）の南側所有地を一九二七年以降宅地分譲したことが知られています。この時期に郊外に一軒家を建てて住む人々は当時としても恵まれた富裕層であったのでしょう[18]。

代々木上原駅付近が高級住宅街と呼ばれる理由として、小田急線だけでなく千代田線への乗り入れが可能である交通の便の良さもあげることができます。戦前の東京において、小田急をはじめとする私鉄会社に、山手線の内側への免許はなかなかおりませんでした。これは山手線内側を走る都電との競合が懸念されたからだとも言います。そのため戦後都電が順次地下鉄に切り替えられてゆくと、地下鉄と私鉄の相互乗り入れの形で、私鉄の都心への直通が可能になりました。小田急電鉄も営団地下鉄千代田線と代々木上原駅から相互乗り入れを行うことになり、営団地下鉄は一九六四年に綾瀬－代々木上原間の免許を取得し、六六年に工事を開始します。小田急電鉄も一九七二年から代々木公園駅－東北沢駅の改良工事に着手し、一九七八年に千代田線と小田急線の相互乗入直通運転を開始したのです[19]。

［註］

(1)渋谷区『図説渋谷区史』(二〇〇三年)一四〇〜一五〇頁。
(2)渋谷区教育委員会『ふるさと渋谷の昔がたり　第一集』(一九八七年)三三頁。
(3)前掲『ふるさと渋谷の昔がたり　第一集』三三頁。
(4)今泉宜子『明治神宮―「伝統」を創った大プロジェクト―』(新潮選書、二〇一三年)三〇頁。

(5)前掲『図説渋谷区史』一八二頁。
(6)鎌田達也『小田急線沿線の1世紀』(世界文化社、二〇〇九年)二八頁。
(7)生方良雄『小田急の駅 今昔・昭和の面影』(JTBパブリッシング、二〇〇九年)四六頁。
(8)渋谷区教育委員会『千駄ヶ谷昔話』(一九九二年)一二六頁。
(9)渋谷区教育委員会『ふるさと渋谷の昔がたり 第一集』(一九八七年)三八頁。
(10)前掲『小田急線沿線の1世紀』三〇頁。
(11)前掲『ふるさと渋谷の昔がたり 第一集』三三頁。
(12)前掲『小田急線沿線の1世紀』三三頁。
(13)渋谷区教育委員会『ふるさと渋谷の昔がたり 第二集』(一九八八年)六一頁。
(14)辻野京子『まちの記憶 代々木上原駅周辺』(二〇〇三年)二六頁。
(15)前掲『まちの記憶 代々木上原駅周辺』一〇頁。
(16)前掲『まちの記憶 代々木上原駅周辺』一二頁。
(17)大山町会『渋谷区大山町誌』(二〇〇四年)一六頁。
(18)前掲『渋谷区大山町誌』二四頁。
(19)前掲『渋谷区大山町誌』五五頁。

第四章　世田谷の耕地整理と「学園都市」成城の建設

成城学園正門前通りの銀杏並木（著者撮影）。小原国芳による学園都市計画による区割りと、学園の生徒たちが植樹した銀杏や桜が街の景観を形成している。

世田谷区の形成

東京都世田谷区には小田急の駅が、東北沢－下北沢－世田谷代田－梅ヶ丘－豪徳寺－経堂－千歳船橋－祖師ヶ谷大蔵－成城学園前－喜多見と一〇駅設置され、これは沿線基礎自治体としては最多の数になります。世田谷は、区全体として高級住宅地のイメージを形成していますが、その市街地としての歴史は、比較的短い区でもあります。世田谷の市街地形成と、小田急電鉄との関わりについて、ここでは見てゆくことにしましょう。

現在の世田谷区のある地域は、古来武蔵国の多磨郡・荏原郡に属しており、江戸時代末期には四二もの村々で形成されていた、当時は御府内（江戸）には含まれなかった地域です。「世田谷」の由来は、多磨郡勢田郷に含まれていたから、あるいは狭い土地という意味の「瀬田」から変じて起伏が多い谷地の地形が加わり「せたかい」→「せたがや」となったという説があります。

多くの村は将軍直轄の代官領でしたが、なかには彦根藩の飛地や旗本領、寺社領が含まれていました。明治維新期の廃藩置県により、東部・中部の一〇ヵ村は東京府荏原郡に、西部の九ヵ村は神奈川県北多摩郡に属することになります。一八八九年の市町村制施行により、荏原郡内の村は世田谷村（一九二三年に世田谷町）・駒沢村・松澤村・玉川村の四ヵ村、北多磨郡の村は千歳村・砧村の二ヵ村に合併再編されました。その後北多磨郡は一八九三年に東京府に編入されます。

世田谷区としての成立は一九三二年に江原郡内の四ヵ村が区となった時点に求められるので、小田急線開設時点では、区政施行前であったことになります。さらに千歳村と砧村の世田谷編入は一九三六年の時点になります。[1]

世田谷の「西洋化」と宅地化

世田谷区市街地化の端緒は一八九一年からの騎兵第一大隊・近衛輜重大隊の兵舎建設、一九九七年駒沢練兵場などの軍事施設の建設に求められます。兵営の周りの世田谷・池尻・太子堂・若林などには「陸軍御用」を銘打った帽子店・洋服店、洗濯屋、旅館などが現れ始め、周囲の商業地化、市街地化が進んでゆきました。[2]

また一九〇七年に玉川電気鉄道（現東急玉川線）が渋谷―玉川間で開通します。当初は多摩川の砂利を東京市中に運搬することを目的とする鉄道でしたが、同電鉄は東京信託株式会社と提携し、駒沢村深沢付近の山林・原野（深沢七丁目・八丁目付近）を宅地造成し、新駅「新町」設置します。そして住宅地には鉄道用の電気を家庭用として供給して、新町住宅地として分譲しました。当時は電力会社が今日のように寡占化していませんから、電鉄会社が周辺の住宅地に家庭用電気を供給することがよく行われたのです。そうすることで、私鉄沿線は電化の進んだ近代的住宅地区としてのブランドも持つようになってゆきました。

一九一三年には、京王電気軌道株式会社（現京王電鉄）が笹塚―調布間を完成させ、区の北辺の甲州街道沿いを運行するようになります。同社も余剰電力を沿線住宅地に配電する事業を進め、沿線の電化に貢献しました。住宅の電化と職場までの交通機関が整備されたこれらの分譲住宅地は、震災後に郊外移転する都市中流層の人気を博することとなりました。

そして一九二七年には小田原急行鉄道が新宿―小田原間で開業します。その結果、一九三二年頃までには東北沢、下北沢、世田谷代田、梅ヶ丘、豪徳寺、山下、経堂あたりまでが住宅地化しました。特に下北沢の発展は、たちまちにしてこのあたりに商店街が造られるほどの影響を与えたといいます。

さらに一九三三年には帝都電鉄が渋谷から小田急・京王と交差して井の頭公園に達する路線（現京王井の頭線）を完成させます。これは発展しつつあった下北沢や代田方面に多くのサラリーマンを吸収するきっかけとなりました。これら私鉄の開通により、世田谷に広がっていた農地や野原がまたたく間に宅地へと姿を変えていったのです[3]。

一方で、鉄道会社による沿線開発に、地元から呼応する動きも出てきます。一九二四年には玉川村村長、豊田正治により「玉川全円耕地整理組合」が結成され、村全域の道路・水路の新設・

改修が実施されました。同事業は「耕地整理」と称してはいても、その実態は、農地を宅地化するための基盤整備事業としての性格の強いものでした。そのため同事業に対して、農業継続を主張する地元農家の反対も強く、事業の完了には三〇年の年月を要することになりました[4]。

小田急開業時の世田谷の各駅

小田急沿線地域でも駅の設置を巡り、地元で耕地整理が行われた事例を見ることができます。駅誘致や周辺市街地開発に関する記録を見てみましょう。

（東北沢駅・下北沢駅付近）

劇場やファッション店の集積地として沿線でも独特の人気を誇る下北沢駅付近は、東北沢駅と同様、現在の代沢の一部とともに東京府荏原郡下北沢村をなしていた地域ですが、一八八九年に世田谷村に合併されました。駅が造られたのはかつて、字新屋敷といわれた地域であり、大正時代には一五戸ばかりの農家による集落であったといいます。

人口増加のきっかけは関東大震災以降の市街地からの移住者の増加であり、それと並行して交通網の整備が進みます。一九二七年の小田急開通に加え、一九三三年八月には新たに帝都電鉄井の頭線が同駅で交差する形で開通しました。新宿と渋谷の双方に電車一本で到達できる交通上の利便性により、同地の急速な発展がもたらされました。地元でも区画整理組合が結成され、一九二九年から代沢三・四丁目付近の区画整理が進められましたが、戦時期に中断し、全てが終了したのは戦後の一九五一年でした[5]。しかしその後も駅周辺の区画整理はあまり進まず、結果として細い路地が複雑に入り組む独特の街並みが、文化人に愛される結果ともなった一面もあります。ただ防災上の問題もあり、同地の区画整理の試みは現在でも進められています。

(世田谷代田駅付近)

世田谷代田駅は小田急開業当初、世田谷中原駅という名称でしたが、戦後一九四六年に現在の駅名に変更されたものです。この地域は一八八九年までは荏原郡代田村であった地域で、「代田」とは窪地による起伏の多い地形に由来すると言われています。村内では北部で甲州街道に近い大原の発展が早く、地域の発展も先行して開業した京王線の主導性が強かったと言われています。小田急線開通後も、当初は周辺の開発は遅れており、駅についても「起伏のある畑の真中にあって、田舎のバス停ほどの待合小屋でしかなかった。そのため春先には一寸先も見えないほど黒土がもうもうと巻き上げ、夏には日照りをまともに受け、冬には丹沢颪の寒風が肌身を刺した」と述べられています[6]。また小田急は開業にあたり、従業員の一定数を地元から採用したと言われています。これは昭和初期の不況に沈む沿線地域の農家二・三男にとって「天の救いだった」という回顧も残されています[7]。

（豪徳寺駅・梅ヶ丘駅付近）

豪徳寺の町名はかつて周辺一帯の土地を所有し、彦根藩井伊家の菩提寺でもあった豪徳寺を由来とします。小田急開業当初はこの一帯も人家が少なく、「豪徳寺からガードをくぐると、線路のすぐ向かい側に当時駐在所があり、その近くに一軒家があるだけで、そこから南の方は全部畑で豪徳寺の森を見ることができた。（中略）当時豪徳寺駅の乗客はごく僅かで、駅員とも顔見知りになって定期券を殆ど見せないで改札を通る状況で、電車も空いていて楽な通勤であった」[8]という地元の方の回想があるほどです。

梅ヶ丘駅は小田急開業当初からの駅ではなく、一九三四年に開業された駅です。地元では駅新設を想定して、代田第二耕地整理組合を結成し、駅周辺の区画を整備しました。駅用地に関しては、地元の地主相原家の貢献が大きかったと伝えられています。この相原家の庭に梅の古木があった、あるいは同家の家紋が梅鉢であったことから「梅ヶ丘」という駅名がつけられたと言われています[9]。

（経堂駅付近）

経堂駅という駅名は、同地がかつて荏原郡経堂在家村と呼ばれていたことに由来します。他の沿線各駅同様、大正期まではそれほど栄えた地域ではなく、小田急開業前の昭和元年（一九二五年）には、住民が九四戸六一六人であったのが、開業後の一九二八年には三三四戸一三五八人へと二倍以上に急増したといいます。開業当時の同駅の周辺は駅の南側に現在もある、福昌寺の土地であり、雑草の茂る野原であったといいます。駅の建築費用は地元の住民の寄付によったものと伝えられており、駅の敷地の一角にあった農家は移転を余儀なくされたものの、曳家によってそのまま五〇〇〜六〇〇メートル移動されたといいます[10]。

また同駅付近には一九三一年、震災復興を目的とした財団法人「同潤会」による分譲住宅二七戸が建設されたといいます。経堂で分譲された同住宅は二階建てのガラス窓を備えた近代住宅であり、当時としては珍しい月賦販売が導入される「文化住宅」として大変な人気を博したそうです[11]。

（千歳船橋駅・祖師谷大蔵駅付近）

千歳船橋駅と祖師谷大蔵駅が設置されたのは、小田急開業当時は東京府北多摩郡千歳村と砧村に属した地域であり、駅名はそれぞれ一八八九年以前の船橋村、下祖師谷村、大蔵村に由来を持ちます。千歳船橋駅に関しては、この区域には珍しく、地元の反対運動があったとの言い伝えが残っています。千歳村船橋の住民の反対に対して、小田急社長の利光鶴松がわらじばきで付近の説得にあたり、「ここに富士山の見える駅」を造るからと約束したと言われています。その後協力に転じた船橋の人々は、成城のほうの山から土をモッコで運んで盛り土をするなどして、協力につとめたそうです[12]。

祖師谷大蔵については、千歳村の旧村の一つである下祖師谷と、砧村の旧村である大蔵の地名の複合により、駅名が構成されています。小田急開業時においても、千歳村と砧村の村境に駅が造られたことになりますが、小田急線ではこのように自治体の境界に駅が建設された事例がいくつか存在します。同駅の建設については千歳村祖師谷の地主たちが土地買収に協力的であり、現金ではなく株券での買収に応じたそうです。戦後の一九五二年から五五年にかけては周辺の町との間で区画整理や飛地整理が行われ、一九五七年頃、祖師谷団地が誕生しました[13]。

（喜多見駅付近）

成城学園については次に述べますので、ここでは喜多見駅について紹介します。喜多見は砧村の一部をなした旧村名に由来します。成城学園が移転してきたことにより、西方の喜多見区域でも宅地化を念頭に置いた耕地整理が活発化しました。地元では喜多見耕地整理組合が結成され、これらの地区の開発も進んでゆくことになりました[14]。喜多見駅の北側には、小田急創業者の利光鶴松氏が自宅を構え、地元住民もこれが同社が砧村を重視している証拠だとして喜んだのだそうです。

「学園都市」成城の建設

世田谷区の小田急沿線における開発事例で最も注目されてきたのは、成城学園による学園都市開発です。これは一人の学校教員の構想から生まれた開発であるという点で、異彩を放つ事例です。成城学園は一九一七年に澤柳政太郎が設立した学校で、当時牛込区（現在の新宿）に立地していましたが、学園の拡張と関東大震災を契機に郊外移転計画が浮上しました。この計画を主導したのが当時教員であり、主事でもあった小原国芳です。この小原が移転用地として注目したのが砧村の雑木林一帯でした。この地域は農地としては従来あまり活用されておらず、「明治の末頃までは全くの畑か森野で、どうしようもない所もかなりあり、土地の地主のうちには荒地で何の収入のない土地を持っていても税金を払うだけ損をするというので、対岸の神奈川県長尾の鈴木忠弥氏の許に酒を持参して、土地を貰ってもらったという話がある」[15]という状況でした。

小原の回想によれば、移転用地選定に悩む小原は、本間俊平という人物と次のような問答をしたと記されています。「君、十マイル（一六キロ）郊外へ出たまえ。西南だ。東北本線は寒い感じがする。千葉方面は本所深川を通るから品が落ちる。東海道線はもう横浜まで家がつまっている。これからはきっと、新宿あたりから小田原へ向かって新しい線が出来る。安く買い占めろ」、「でも先生、十マイル離れると、小学生なぞは通えないではないですか」、「ばかやろう！　お前が立派な学校を造れば、交通はおのずからついてくる。交通のついてこないような学校ならつぶしてしまえ」[16]。乱暴な言い回しではありますが、震災後に東京西南部の開発が進むことを見通し、交通の見通しさえ立てば有望であることを予測した問答と言えます。小原は砧村の地に注目するとともに、同地に小田急の敷設計画があることを知り、駅の設置について社長の利光鶴松と交渉を行いました。

小原を利光に紹介したのは、当時の小田急副社長森恪です。政友会の政治家であり、息子が成城学校の生徒であったことが縁となりました。一方で小原は砧村喜多見の高台、大地主鈴木家が所有する広大な用地の買収交渉を開始します。ここでの小原の行動で注目されるのは、地主への土地購入要求と小田急への駅設置交渉を個別に行うのではなく、小田急の地主からの用地買収交渉に、あたかも調停者のような形で参画することで、結果として一石二鳥を狙った点です。小原は小田急に対して次のような要求を行いました。①高台の真中にステーションを造ってほしい。②最初から急行をとめてほしい。③ステーションの名を学校名と同一にしてほしい。④ステーションの広さを一万坪にしてほしい。以上の四つです。なかなか強気の要求で、一学校教員が無策でこのような要求をしても、小田急側がそれを呑む可能性は低かったでしょう。しかし小田急は地主鈴木家からできるだけ安価に線路用地を買収したいとの思惑もあります。ここに小原の事業成功の糸口が存在しました。小田急は路線用地を一銭でも安く買収したい。地主は当然その逆で、一銭でも高く売りたい。しかも鈴木家は当時でいうところの不在地主であり、「地元の発展のために」という殺し文句が通じにくい相手でした。小田急側が事態を打開してくれる調停者を歓迎する状態にある。そこに小原にとって唯一の勝機があったと言えます。

小原は地主である鈴木家に対して次のような提案をしたというのです。「鈴木さん、どうです。小田急さんは停車場の敷地一八〇〇坪（約六〇〇〇平方メートル）、私は残り全部を買います。小田急さんには坪三円、私の方は倍の六円。いかがでしょう」。小田急にとって坪三円の用地買収価格は宅地でも田でもない雑木林であることを考えれば、やや高めですが、受け入れ可能な水準です。一方で雑木林に坪六円という小原の提示は破格と言って良いでしょう。つまり小原は駅と線路用地を安く小田急が買収できるよう、取り計らい、その他の土地を小原が高く購入することで、地主の鈴木家を納得させたのです。これには鈴木家側も感じるところがあったのか、交渉をまとめてくれた礼として、成城学園に対して一万坪の土地と、金一万円の寄付を行いました。当時の学校用地が二万四〇〇〇坪であったため、その約二分の一に相当する土地の寄付は学園経営に大きく貢献することになりました[17]。

交渉がまとまったとはいえ、巨額の買収資金をどのように調達するのかという問題が残ります。これについて小原は、やはり生徒の父兄にいた大同生命社長広岡恵三に交渉し、二四万五〇〇〇円の借入を実現します。この資金によって、成城学園は校地二万四〇〇〇坪(このうち一万坪が地主鈴木家からの寄付)の他、校地付近の土地約二万坪を購入しました。実は小原のアイディアの真骨頂はここからです。融資で得た資金で学校を建設するだけなら、常識的な行動です。しかし小原はそれだけではなく、購入した土地の一部を住宅用地として分譲し、その売却益を学校建設資金に充当するという手法を編み出したのです。分譲用地は道路建設費や下水道費を加算して、第一期の売却価格は坪一四円、一区画は四〇〇坪(一三二〇平方メートル)で売却されました[18]。これが全国でも珍しい、「学園都市」と呼ばれる、小原が生み出した学校経営モデルでした。

小原は住宅分譲用地を教育地区に相応しく、なおかつ高級住宅地として販売するため、さまざまな工夫を行いました。学園の住宅地には武蔵野の面影を残すため、建蔽率を一五%以下とし、コンクリートや木造の塀を禁ずることを申し合わせました。また主要道路に桜の並木道を建設し、景観の改善と歩道の確保を図ります。道路は巾三間(約五・五メートル)以上とし、十字路の四隅は、「隅切り」といって、それぞれ角の部分を切り落とし、通学児童など、歩行者の展望を良くするよう工夫しました[19]。「隅切り」は区画の面積が少なくなるため、土地所有者からは嫌われる技法ですが、それでも通学児童の安全を優先する区画を作ったところが、小原の教育者としての面目と言えるでしょう。世田谷区でも有数の高級住宅街「成城」は、このように誕生したのです。

また成城は、東宝の砧撮影所が造られたことでも知られています。同撮影所は一九三一年、無声映画からトーキーへの変化に注目した、植村泰二氏が成城に現像所と録音専門の会社（写真科学研究所：P・C・L）を設けたのが最初とされています。一九三六年松竹に対抗して宝塚が東京に進出。太秦のJ・OトーキーとP・C・Lとの三社が合併して東宝映画配給株式会社が、翌三七年には東宝映画株式会社が設立されることとなりました。成城には学校関係者のみならず、映画関係者も多く居住するようになり、「小田急の成城駅からは裏門の方が近いので、皆俳優達も裏門から出入りし、監督の木村壮十二氏など撮影所の地域に住宅があってそこに居住していた位であった。ここの住宅が水洗便所になっていたので砧村などでは珍しいことで評判になっていた」などと言われるようになりました。砧村でも「東宝ができてから砧が世界的に有名になったので、外国から通信するのに東京ジャパンでなくてもキヌタ・ジャパンでもここえ（ママ）来るというので、当時住民の間で自慢した」と喜びの声が残されています[20]。

［註］

(1)世田谷区形成の歩みについては荻野三七彦・森安彦ほか『世田谷区の歴史』（名著出版、一九七九年）より。

(2)前掲『世田谷区の歴史』一五四頁。

(3)東京都世田谷区『新修　世田谷区史　下巻』（一九六二年）四一六〜四二二頁。

(4)玉川全円耕地整理組合の活動については、高嶋修一『都市近郊の耕地整理と地域社会—東京・世田谷の郊外開発』（日本経済評論社、二〇一三年）に詳しい。

(5)世田谷区総務部文化課文化行政係『ふるさと世田谷を語る　第一二号』（一九九七年）八三頁。

(6)前掲『ふるさと世田谷を語る　第一二号』一八頁。

(7)前掲『ふるさと世田谷を語る　第一二号』三〇頁。

(8)世田谷区総務部文化課文化行政係『ふるさと世田谷を語る　第四号』（一九九八年）八六頁。

(9)前掲『ふるさと世田谷を語る　第四号』八五頁。

(10)前掲『ふるさと世田谷を語る　第四号』一二五頁。

(11)前掲『ふるさと世田谷を語る　第四号」一二六頁。

(12)世田谷区総務部文化課文化行政係『ふるさと世田谷を語る　第九号』（一九九五年）一二五頁。

(13)世田谷区総務部文化課文化行政係『ふるさと世田谷を語る　第一三号』（一九九八年）一一五〜一一七頁。

⒁前掲『ふるさと世田谷を語る　第一三号』七七頁。

⒂前掲『新修　世田谷区史　下巻』四六三頁。

⒃日本経済新聞社編『私の履歴書（文化人一九）』（日本経済新聞社、一九八四年）一七四頁。

⒄成城学園六十年史編集委員会『成城学園六十年』（一九七七年）一三四頁。

⒅前掲『成城学園六十年』一三六頁。

⒆前掲『成城学園六十年』一三六頁。

⒇前掲『新修　世田谷区史　下巻』四六八頁。

第五章　狛江市と「雨乞い事件」

狛江泉龍寺の弁天池（著者撮影）。古来狛江村住民の生活用水の泉であり、かつ雨乞い等の祭事の場でもあった。

狛江村沿線用地買収問題

鉄道の開通には、地域の発展をもたらす側面があることはもちろんですが、広大な面積の線路や駅の用地買収が発生するため、沿線住民に犠牲を強いる側面も存在しました。そのため、小田急線開業を巡っても地元でさまざまな反対が生じた地域が存在しましたし、それは、場合によっては村内の政治的対立、地域間対立に飛び火するようなケースもありました。本章ではその事例として狛江市（町）の事例を紹介することにしましょう。同地域では二つの時期に、小田急の線路を巡る問題が生じています。

狛江市は東京都の多摩地域に属する自治体であり、世田谷区と調布市に隣接する、都内で最も小さな「市」です。地名は古代にこの周辺に武蔵国狛江郷があったことに、由来しています。一八八九年に町村制が敷かれた際、和泉、緒方、駒井、岩戸、覚東、小足立の六ヶ村が合併して神奈川県橘郡狛江村が発足し、その後一八九三年に多摩川が都県境とされることになり、東京府に編入されました。

狛江駅の設置は、小田急開業年の一九二七年のことではありますが、厳密にいえば開業当初から存在した駅ではなく、当初計画に狛江駅は含まれていませんでした。小田急が狛江村域を通過することが表面化し、用地交渉が始まったのは一九二三年六月のことであったと推測されます。

当時の村長、石井扇吉の書簡に「来ル十九日午後六時ヨリ当村役場ニ於テ小田原急行鉄道線路敷地ノ件ニ付キ篤ト御協議申上度儀有之候……」[1]との文面が記されており、小田急小田原線敷設に関する議論が村内で開始されたことがわかるからです。その後の書簡では、二四日に村内で用地買収に関わる敷地委員会が開催され、各委員が村内地区別に選出され、担当地区内の地主の意見を取りまとめるよう求められています。しかし路線計画地域に村の小学校用地と村道の一部の計九九坪がかかっていることが判明すると、これが問題となりました。この問題の経緯については、多摩川対岸の神奈川県橘郡稲田村（現川崎市多摩区）の有力者であった丸山教教主、伊藤葦天の回想に興味深い一節が存在します。

「（小田急の）軌道敷地が狛江の小学校の東角にぶつかり、買収交渉が進められたが時の村長石井扇吉氏派と、井上半三郎氏派の意見が衝突して、中々決定しなかった。（中略）或日楠重役（小田急副社長楠熊次郎、引用者注）が外の事で小庵へやって来て浮かぬ顔をしているので、どうしたんかと聞くと、これこれだと言う。（中略）或る日私は登戸渡船を超え、長い和泉の土堤をのぼって井上氏を玉翠園に訪ねた。折りよく在宅ですぐに逢えた。（中略）そこで然々と狛江小学校敷地問題解決を出した。井上さんは速座に、一応仝志と相談はしますが宜しいと承諾してくれた。（中略）それから十日ほどたって私は神楽坂の某亭で小田急と石井、井上両氏を会合させ、小田急から金三千円を狛江村に寄附してシャンシャンシャンと手を締めたのであった」[2]。

以上の回想で重要なポイントは、①沿線買収問題を巡って狛江村内に村長（石井扇吉）と対立するグループ（井上半三郎）が形成されていたこと（ただしこの対立構造が買収問題をきっかけとして発生したものか、それ以前から存在したものであるか否かについては明らかでありません）、②小田急側が沿線自治体の対立に際して、地域有力者に調整を依頼しているという事実の二点です。

史料的にも、一九二三年七月九日村議会において「一・小田原急行鉄道株式会社ヨリ左記ノ通寄附申出ニ付承認セラレタシ　左記　一・金参千円也　狛江小学校基本財産へ寄附（中略）一・狛江小学校敷地内ニ於ケル小田原急行鉄道株式会社所要のノ線路并ニ村道換地敷九十九坪ハ隣接地ノ価格ニ準ジ仝社へ売却」されることが承認されており[3]、伊藤葦天の証言と矛盾しません。小田急路線の小学校用地買収問題をきっかけとして村内対立が発生したが、地域有力者により調停がなされた結果、小田急の小学校への寄付という条件で計画が合意されたという事実はほぼ間違いないとみてよいでしょう。その後の議論は地区別の買収価格に収斂してゆき、その後も交渉が続けられた結果、一九二五年九月一日付書簡において「先年来ヨリ懸案ニ係ル小田原急行鉄道株式会社線路要地（ママ）売買交渉ノ件委員諸氏ノ熱心ナル努力ニ依リ同会社モ漸ク其ノ協定価格ノ要求ニ応スル趣キ本日同社長ヨリ確答之有候」と買収価格交渉が妥結したことが記されています。[4] 以下契約書の文面を引用しましょう。

契約書

小田原急行鉄道株式会社（以下甲ト称ス）ト北多摩郡狛江村長石井

扇吉外（アキママ）名（以下乙ト称ス）

第壱条　乙ハ其ノ所有ニ係ル北多摩郡狛江村ノ土地ヲ甲軌道用地道路

水路用地等ヲ次項ノ価格ヲ以テ甲ニ譲渡スルモノトス

北多摩郡狛江村ヲ左ノ通区別ス

壱区　砧村境ヨリ六郷用水附近田地目境迄　壱坪ニ付金九円也

弐区　六郷用水ヨリ府道迄ノ田地目　壱坪ニ付金六円四十銭

三区　田地目ヨリ役場ノ先田地目境迄　壱壺ニ付金拾円

四区　二二一六四番附近田地目先　壱坪ニ付金五円

二二一六五

五区　四区田地目境ヨリ荒井磯吉氏門口道路迄　金拾円

六区　荒井磯吉氏宅地ヨリ新堀用水路迄壱坪ニ付金拾円廿五銭
七区　新堀用水ヨリ玉泉寺裏迄　壱坪ニ付金拾壱円
八区　荒地芝地共　同四円五拾銭
但シ八区ノ内田地目先分　同五円
各区ニ於ケル宅地価格ハ其ノ価格ノ五割増トス
第弐条　甲カ乙ニ支払フヘキ前条ノ代金ハ所有権移転登記ト同時ニ之レヲ支払フモノトス
但シ土地分裂ヨリ登記済迄ノ費用ハ甲ノ負担トス
第参条　本契約ノ日ヨリ六十日以内ニ土地代金ヲ支払フモノトス
但シ工事着手ヲ急キタル時ハ登記前ト雖モ其ノ代金ヲ支払ヒ甲ハ便宜使用スル事
（中略）
大正十四年九月（アキママ）日
東京市麹町区有楽町一丁目壱番地
小田原急行鉄道株式会社

社長　利光　鶴松[5]

以上の内容を簡単にまとめると、①村内を八地区に区分し、それぞれ坪当たり四円五〇銭〜一〇円二五銭で売り渡す（宅地はこの一・五倍）こととする。②土地代金の支払いは契約日から六〇日以内に実施する、というものであり、以上の契約をもって一一月初旬に小田急による線路建設工事が開始されることとなり、狛江村側も関係地主に対して、工事用地における「上物ヲ成可十一月十日マデニ移転伐採収穫等御実行被下様」周知を行っています[6]。なお用地買収価格の水準については、隣接する砧村の成城学園付近の平地林は坪三円、多摩川を渡った稲田町では坪二・五円であったとされていますから、狛江村の買収価格は周辺地域に比べ、低額なものではなかったと言えるでしょう[7]。

狛江駅設置問題と雨乞い事件

線路用地を巡る買収交渉が終了した一九二五年一一月に入ると、狛江村では村内の駅設置について、陳情活動が開始されています。その理由は当初村内駅として予定されていた「多摩川駅（現和泉多摩川駅）」が、市の中心部から離れていることに不満が生じ、村内中心部への新駅建設が要望されているのです。たしかに現在の和泉多摩川駅は狛江市の中心部からやや離れた川沿いに立地していますので、これで狛江駅が設置されないとなると地元住民の利便性は低いものになったかもしれません。

狛江村では一一月一五日、石井村長をはじめとする有志数名が小田急本社に赴いて陳情しましたが、当初小田急は「距離ノ関係速力ノ関係並ニ『カーブ』ノ関係且既ニ請負ニ附シタル今日ニ於テハ絶対ニ新設ノ余地之無」[8]と、技術的要因を持ち出して拒絶します。しかしその後も狛江村側が諦めず交渉を続けた結果、開業直前の一九二七年二月、「停留場ノ増設寄附申込ミ候処漸ク会社ノ容認スルコトト相成リ」[9]と、停留場建物と用地を寄付することで小田急側の合意を取り付け、開業から遅れること二ヶ月の六月一日に狛江駅開業を実現したのでした[10]。寄付される停留所用地の買収資金七〇〇円は、村民の募金によって調達され、村内山口粂太郎氏の土地を購入して小田原急行鉄道に寄付されたといいます[11]。当日は村長と村内交渉担当者が小田急社長を多摩川湖畔の料亭に招き、祝宴を張ったと伝えられています[12]。

しかし駅設置後も小田急開業を巡る村内対立の火種は完全には消えていなかったようです。この火種に火が着いたのが、一九二七年八月に発生した「雨乞い事件」と呼ばれる騒動です。同月二九日付の『東京朝日新聞』には「垣根問題で村民騒ぐ　府下狛江村で九名引致」という見出しの記事が掲載されています。「北多摩郡狛江村泉龍寺境内官有地弁天池の周囲に旅館兼料理屋を営んでゐる竹下いそが垣根をこしらへたことから村民の反感を買ひ二十七日午後五時頃雨ごひの酒に乗じて村民百数十名は垣根を破壊したので府中署では首謀者と目される同村伊田七蔵(六〇)外九名を引致取調中であるがこれを見た同村民は大挙して警察署に押しかけ目下大騒ぎを演じてゐる」[13]。

この事件について、狛江市企画広報課『狛江・語りつぐむかし』では次のように説明されています。狛江駅開業に合わせて小田急が駅に隣接する古刹、泉龍寺から弁財天池周囲の田畑一円の土地を借り、料亭を開業しました。ただ弁財天池付近は農家が普段から野菜を洗ったり、洗濯を行う生活用水の場でもあり、池は干天時に「雨乞い」を行う場所でもありました。しかし新しい料亭は弁財天池を料亭の庭として生垣で囲ってしまい、地元住民が自由に立ち入れなくしてしまったため、不満が高まりました。当時の泉龍寺は住職が亡くなり、寺は檀家から選出された村長ら、世話人がきりもりしていたこともあって、不満は村長勢力への批判となってあらわれました。事件の起こった一九二七年は雨が少なく、地元の若い衆が雨乞いの大太鼓で料亭の生垣を押し倒し、騒動が発生します。一部は暴徒化し狛江駅の駅舎に暴れこんで売り上げ金を奪う行為に及んだ者もあったため、十数名が府中警察署に逮捕されることとなったのです[14]。つまり小田急線開業に伴う沿線開発の一環として小田急が石井村長の許諾を得て行った料亭開業が、地元住民の生活水利権を侵害するものとして反発を招いたものと解釈されています。

事件後料亭の生垣は撤去され、その営業も長くは続かなかったようです。その後の狛江駅付近の風景については、次のような記述が紹介されています。「当時の駅は屋根も跨線橋もなく、小さな待合室だけがホームの中ほどに建っていて、チョコレート色の電車がほぼ十分おきに発車していた。それもたった一両で乗客はほとんどいなかった。（中略）せっかく駅ができた以上小田急側でも駅前の発展を考えていた。その結果駅前に分譲住宅を作るとともに、買い物の便を考えて四軒の店舗付き住宅を建てた（中略）が、昭和十二年頃までには皆店じまいして、しもた屋になっていた。（中略）しかし、商店街としての発展は戦後のことである」[15]。このように狛江駅前の開発は戦前期にはあまり活発なものにならなかったようですが、その背景に開発を巡る村政の対立があり、小田急も騒動を通じて同地の開発に消極的になった可能性があると言えそうです。

小田急新線計画と狛江町の反対運動

時代は戦後に移り、戦後高度経済成長期に入ると、都内の人口増加に対応するため、多摩ニュータウン建設事業が浮上し、その交通網整備の一環として小田急線の新線構想が浮上します。

この新線（多摩線）の建設については後の章で述べることになりますが、当初小田急は喜多見から多摩ニュータウンを経て神奈川県津久井郡城山町へと接続する新線を計画し、一九六四年六月三日に喜多見－稲城町間の事業免許が許可されました[16]。この時期東京住宅公社が、狛江市と調布市の境に団地（多摩川住宅）の建設を進めており、新線はこの団地住民の交通手段としても構想されていたようです。

しかしこの計画を事前に知らされず、一九六四年一一月二日、小田急電鉄から計画図が届けられた時点で知った狛江町では、反発の空気が広がりました[17]。狛江町議会では、同年一二月「小田急新線特別対策委員会」が設置され、同月二九日の委員会に小田急側の担当者出席を求め、事業について説明を求めました。その結果、工事の影響で立ち退き等を要する世帯が約数十世帯、新線の両側約一〇〇メートルの範囲内にある関係世帯は約千世帯に達するとする推計が示されます。町議会では、翌六五年一月一九日の臨時協議会において「小田急新線計画反対」の請願を採択し、小田急に対し、建設中止を求める抗議書を満場一致で議決しました[18]。この反対運動は一九六七年まで続くことになりました。

結局小田急の新線計画は計画の再検討を迫られることになり、喜多見分岐案から、今日の新百合ヶ丘分岐案に変更されることとなりました。計画変更の原因は、狛江町住民の反対だけでなく、京王新線（相模原線）との路線重複を避ける意図や、将来の複々線化を見込んだうえでの工費上の配慮があったとする指摘もあります[19]。しかし小田急側からみれば戦前に駅の建設を要望した狛江の住民がここまで強硬に新線と駅の設置に反対したことが誤算であったことは間違いないでしょう。その原因は計画が沿線住民の意向を無視する形で進められたことに対する反感が大きかった他、狛江町の住民の構成とその意識に戦前と戦後で、変化が生じていたことが考えられます。その変化とはどのようなものだったでしょうか。

大正から昭和期において近郊農村であった狛江町は、戦後の急速な首都圏人口増加の影響で、「都心の喧騒をさけて静かなる郊外に永住する目的で当町に移住した世帯」[20]が増えてゆきました。いわゆる「新住民」の登場です。旧来から狛江町に居住している住民にとっては、線路建設による「地域の発展」や地価上昇の効果に期待するところもあり、反対運動も当初小田急線が敷設された時期と同様に、買収価格等の条件面に収斂する可能性が存在したかもしれません。しかし戦後地域に定住した「新住民」にとって最優先に来るのは住環境・生活環境であり、新線計画への拒絶反応は「旧住民」よりも大きなものがあったと考えられます。戦前から戦後、そして高度経済成長に入った沿線地域は、すでに「近郊農村」から「郊外住宅地」と呼べる地域に変貌を遂げており、そのことが新線計画に対する反応の違いとして現れたものと言えるのでしょう。

［註］

(1)狛江市教育委員会『史料にみる狛江の近代（1）』（一九九二年）三六頁。
(2)伊藤葦天『稲毛郷土史』（稲毛郷土史刊行会、一九七〇年）三三七頁。
(3)前掲『史料にみる狛江の近代（1）』三七頁。
(4)前掲『史料にみる狛江の近代（1）』三八頁。
(5)前掲『史料にみる狛江の近代（1）』三八頁。
(6)前掲『史料にみる狛江の近代（1）』四〇頁。
(7)拙稿「私鉄会社による路線・駅舎用地買収と地域社会―小田原急行鉄道㈱の事例―」（『専修経済学論集』第四八巻二号、二〇一三年所収）。
(8)前掲『史料にみる狛江の近代（1）』四〇頁。
(9)前掲『史料にみる狛江の近代（1）』四〇頁。
(10)五月二七日との説もある。狛江市企画広報課『狛江・語りつぐむかし』（一九九〇年）二四四頁。
(11)前掲『狛江・語りつぐむかし』二四四頁。
(12)前掲『史料にみる狛江の近代（1）』四一頁。
(13)『東京朝日新聞』昭和二年八月二九日記事。

(14)前掲『狛江・語りつぐむかし』一二二～一二三頁。
(15)前掲『狛江・語りつぐむかし』二四四～二四五頁。
(16)前掲『小田急五十年史』四八八～四九〇頁。
(17)『狛江町議会のおしらせ』(一九六五年二月一〇日号)。
(18)『狛江町議会のおしらせ』(一九六五年一月三〇日号)。
(19)前掲『小田急五十年史』四八八～四九〇頁。
(20)『狛江町議会のおしらせ』(一九六五年二月一〇日号)。

第六章　生田村騒動と向ヶ丘遊園

向ヶ丘遊園地正門（絵葉書）。戦前期向ヶ丘遊園地の写真。旅客誘致の目玉として建設されたが、当時は遊具等もなく、自然公園の風情であった。

生田村騒動

新宿から出発した小田急のお話も、ここから多摩川を渡り、神奈川県に入ります。東京府内では、ある程度の乗客の見通しが立っていた小田急ですが、多摩川以西の神奈川県域においては、乗客誘致に一層の工夫が必要であるとの認識を持っていました。そのため小田急は沿線誘致策として神奈川県の入り口である多摩川対岸に向ヶ丘遊園地を建設します。また沿線自治体も、県内において沿岸部に比べ、交通の立ち遅れた地域であるとの意識が強く、地域の発展のために路線誘致や駅誘致の動きが活発化します。まずは登戸—向ヶ丘遊園—生田—読売ランド前の各駅を含む、川崎市多摩区のお話から始めましょう。

神奈川県川崎市は東京都と神奈川県を隔てる多摩川の右岸、西側を短冊形に遡るような形をした自治体です。多摩区はそのなかでも最も上流に位置し、さらに遡ると東京都の稲城市に入ります。鎌倉時代には有力御家人の稲毛三郎重成が一帯を治めたことから、稲毛領とも呼ばれました。江戸時代には、代官の小泉次太夫により二ヶ領用水が開削され、一帯は「稲田米」の産地として発展をみることになります[1]。一八八九年の町村制で、付近の村々は神奈川県橘樹郡向丘村、稲田村（一九三二年に稲田町に）、生田村、および都筑郡岡上村、柿生村が形成されますが、一九三八年に橘樹郡の町村が、翌三九年に都筑郡の村が川崎市に編入され、一帯は川崎市となりました。一九七二年に川崎市が政令指定都市になったことにより、多摩区が成立します。

明治以降の交通の近代化のなかで、現在の多摩区地域は、やや取り残された状況にあったと言います。稲田村から川崎へは、街道が一八九四年に県道に指定され整備が進み、一九一三年以降は稲毛乗合馬車が、現在の百合ヶ丘付近から二子多摩川の区間を運行していたという記録がありますが、それでも東京方面への交通の便は悪く、大正時代に入り同地域で特産の梨の生産が拡大してゆくなかで、出荷における不便が指摘されていました。当初梨の出荷手段は荷車を用いて、「菅の渡し」で多摩川を渡り、調布から甲州街道に出て新宿―九段坂を経て神田市場まで、人力で出荷していたといいます[(2)]。

小田原急行鉄道（以下小田急）の計画が多摩区地域に伝わったのは、生田村の記録によれば、一九二三年頃のことであったといいます。七月二〇日、生田村と稲田村、向丘村の村長など一二名の代表者が小田急の事務所を訪れ、停車場誘致等について陳情を行いました。地元側は多摩川南部への駅設置を要望し、会社側は路線・停車場用地買収への協力要請を行った模様です。用地買収の協議会は一九二四年中に数度行われたようですが、生田村は東西に長い谷状の地形で、線路予定地は貴重な農地であるとの意識が村民に強く、坪当たり田三円三〇銭、畑二円六〇銭、宅地二円五〇銭、山林八〇銭の案を提示したのに対し、小田急側の当初の提示額が田一円七〇銭、畑一円五〇銭、山林四〇銭と地元の希望を大きく下回っていたため、交渉が難航しました。ただその時点で、小田急側は生田村への停車場設置を一応前提にしており、村東部の現在の根岸陸橋付近に急行停車駅を設ける方向で議論は進んでいたといいます[3]。

しかしその後、生田村では駅の設置場所を巡って村を二分する騒動が発生します。元来生田村は東西に細長い地形をしており、明治年代に西部の上菅生村と東部の五反田村が合併し、両村の一文字を取って「生田」と名づけた経緯がありました。村役場等の行政の中心は村東部に存在しましたが、村西部には、村内の有力企業である農機具製造会社、細王舎が立地しており、同社は製品の出荷上の利便性から村西部への駅設置を望んでいました。

一九二五年一二月に東側住民が配布したと思われるビラ、「生田村停車場問題紛擾の真相」によれば、まず一九二四年七月二六日、生田村の代表者三名が小田急本社に赴き生田村への停車場設置を要求し、小田急側は村役場のある村中央部（東部地区）への駅設置を受け入れる感触を示したといいます[4]。しかしその後八月十八日には「登戸に停車場を決定したから、東生田には設置できない」と回答され、「貨物を取り扱う停車場の設置」を要望したというのです。この登戸への停車場とは、おそらく現在の登戸駅ではなく、向ヶ丘遊園駅を指すものと思われます。その理由は設立当初の駅名では現登戸駅が稲田多摩川駅、現向ヶ丘遊園駅が稲田登戸駅であったこと、さらに稲田多摩川駅に関しては南武鉄道との交差駅である等の理由で計画当初から設置予定とされていたからです。

南武鉄道は当初「多摩川砂利鉄道」という名称で、多摩川の砂利を川崎沿岸部に運搬することを目的として建設された鉄道でした。一九二〇年に社名を「南武鉄道」に変更し、小田急よりも一ヶ月早い一九二七年三月に川崎―登戸間、矢向―川崎河岸間で開業していました。この南武鉄道との交差と、当時小田急が砂利運搬を収益源として期待していたことから川沿いの稲田多摩川駅の設立は確実視されていました。ただ稲田村の住民は、より村の中心部に近い位置への駅設置を望んでいました。そのために活動したのが前章でも登場した稲田村の有力者、伊藤葦天です。伊藤の回想に次のような文章があります。「或る夏の暑い日、私が多摩川で網打ちをしていると小田急の土地課の木戸係員が面会に来た。何用かと聞いたら、停車場がどうしても生田へ出来ないので面目ないが登戸に置きたいと云うのであった。私は急行停車駅を置きますかと聞くと五大急行駅を置きますと返事をした。宜しい、村の者に話してみますが一坪いくらですときくと、二円五〇銭で三〇〇〇坪。一〇〇〇坪は寄付というのであった。私は早速有志を集めて斯々と語った」[5]。つまり生田村において用地買収価格の交渉がまとまらない間に、稲田村の用地買収交渉がまとまれば急行停車駅が設置できるという話であったことになります。これを受けた伊藤は、短期間で稲田村内における用地買収と寄付金収集を取りまとめ、急行停車駅としての稲田登戸駅設置に成功しました。小田急側からすれば、隣村の稲田村に有利な条件を提示することにより、生田村との交渉を有利に進める圧力としたかったのかもしれません。駅の設置や用地買収交渉の背景には鉄道会社と沿線自治体間、さらに沿線自治体同士間におけるこのような駆け引きが存在したのです。

用地交渉が難航する間に隣村に先を越された形の生田村では、さらなる混乱が生じます。一九二四年九月七日、村会において突如西生田駅誘致案が浮上したのです。一一月一七日には西部地区の有力者等が、停車場用地買収資金は細王舎が負担し、工費も細王舎が負担するという内容で小田急と契約を締結したというのです[6]。さらに一二月一日には当時の生田村長も西部地区設置案を支持するに至ったのです。これに憤激した東部地区住民は猛反発し、西部案を強行するのであれば、全ての用地買収を拒否すると強硬に反対の姿勢を示したのでした。村を二分する生田村の対立は「生田村騒動」と呼ばれ、紛糾は長引きましたが、橘樹郡役所からの仲裁もあり、最終的には小田急側が折れる形で生田村の東西に東生田駅（現生田駅）、西生田駅（現読売ランド前駅）を設置することで決着をみることになりました[7]。現在生田駅前には当時の駅建設に対する地元の尽力を称える石碑が残されています。

私鉄沿線遊園地としての向ヶ丘遊園

現在向ヶ丘遊園駅となっている稲田登戸駅（一九五五年に現在の駅名に改称）には向ヶ丘遊園地が建設されました。その開園は小田原線の開業と同じ、一九二七年四月一日であったとされています。[8] 新宿―小田原間で開業された小田原線は、多摩川以西への旅客誘致に不安を抱えていました。こうしたなかで小田急では、当時阪急電鉄をはじめとする関西方面で活発化していた遊園地建設による乗客誘致に着目したものと考えられます。当時東京近郊でも玉川電気鉄道による玉川第二遊園地（二子玉川園、一九二二年）、田園都市会社による多摩川園（一九二五年）など、私鉄による遊園地建設が勃興期にあったことも影響したものと思われます。

当初の開園予定地は、稲田登戸駅（一九五五年に向ヶ丘遊園駅に改称）に近い、枡形山に求められましたが、用地交渉が難航した結果、駅から約一キロメートル離れた長尾地区に開園されることとなりました。当初の予定よりも駅から離れた位置に立地したため、急遽駅から遊園地までの小軌道が建設されることとなり、稲田登戸駅から遊園地正門までの豆汽車が運行開始されました（一九六六年にモノレールとなります）。

当初の小田急は遊園地事業を重視しており、営業報告書において「本社ハ之ヲ以テ一面本線ノ培養ニ資シ一面遊園地自体ノ自営自給ノ方針ノ下ニ漸ヲ追テ進ミツヽアリ諸般設備ノ充実ト相俟ッテ必ス充分ノ機能ヲ発揮スルコトヲ信ス」[9]と沿線旅客誘致と遊園地の採算向上のため設備の増強を進める方針を示しています。しかしその後、昭和恐慌の影響による業績の悪化により遊園地の整備は進まず、後述するように座間遊園地に至っては、計画そのものが頓挫してしまいました。結局戦前期において同遊園地は駅－遊園間の豆汽車を除くと事実上、無料の自然公園のような状態であり、従業員も実質「山番」一名が常駐するのみの状態となりました[10]。その後戦時体制が深刻化してきた一九四二年には、遊園地は陸軍近衛騎兵連隊の訓練場として接収を受け、また小田急自体も東京横浜電鉄に合併されたことから、同遊園地は省みられることのない時期がしばらく続くことになります。

敗戦後、一九四八年六月に東京急行から分離独立した小田急電鉄は、向ヶ丘遊園地の復興に取り組み始めました。主幹道、遊歩道の整備に始まり、野球場、運動場の整備を行い、一九五〇年三月には戦時中に金属供出の対象となって撤去されていた豆汽車を蓄電池式の「豆電車」として復活させ、翌五一年七月には正門から園内中央の山頂まで高さ五〇メートル、延長二四五メートルの空中ケーブルカー、その他動物園、野外舞台、遊戯施設や娯楽機などを整備して、五二年四月から大人一〇円、子供五円の入場料を徴収する有料遊園地として再出発することとなりました。オープンは花見の季節であったこともあり、大変な盛況となり、臨時改札口のボックスが詰め掛ける入園者に押されて、崖下に転落する事故が起こったほどであったといいます[11]。

こうして戦後の再出発を果たした向ヶ丘遊園（一九五二年に向ヶ丘遊園地から改称）でしたが、来客の中心は花見客であり、その点が営業上の限界となっていました。花見シーズンの遊園の風景として次のような回想が残されています。「当時は終戦からの立ち直りもはかばかしくなく、庶民にとってお花見は恐らく唯一の楽しみであったと思われ、異常な人出となったのだろうと思われます。酒も焼酎しかなく、それも露天での酒盛りでは酔い方もひどく、まるで百鬼夜行の態たらくの酔態で、喧嘩、迷子は数知れず、警戒のため派遣された警官も余りのことにお手挙げの状態であった」[12]。これは特定の時期に集客が集中することで一年を通じての営業が非効率化し、また繁忙期の天候不順等のリスクに脆弱な経営であることを意味していました。また園内の飲酒が一般的であることで、娯楽の健全性の問題も指摘されることになります。これらの課題の解決のため、同園では大きく分けて二つの取り組みが行われました。一つは大型催事の定期開催、二つ目はオフシーズン集客の目玉となるスポーツ施設の導入です。

向ヶ丘遊園では一九五五年の「世界探検博覧会」など、シーズン中の催事に注力してゆきますが、なかでも転機となったのが、一九六二年の「防衛博覧会」、そして翌六三年の「ワールド・フラワーショー」でした。防衛博はサンケイ新聞の主催、防衛庁の協力、その他フジテレビ、日本放送、文化放送、日本工業新聞などの後援で実施された、それまでに類を見ない規模の大型催事でした。同博の実施のため、遊園では自衛隊の協力を得て「地形を一変させるほどの大規模な土木工事」を実施しましたが[13]、この工事の結果、その後遊園正門部のシンボル的存在となった「花の大階段」や、その他観覧車等の大型遊具を設置するための基盤整備が行われたのです。また同博では大人一二〇円、高校生一〇〇円、小・中学生六〇円の特別料金を設定したにも関わらず予想を遥かに上回る入園者数を記録したことから、その後の入園料の増額に糸口をつけることができました。また翌六三年のフラワーショーは翌年の東京オリンピックを控え、朝日新聞社との提携により実施されたものです。このフラワーショーも大盛況のうちに成功をおさめ、前年の防衛博を上回る営業収入をあげることに成功しました。フラワーショーは翌年以降も継続され、向ヶ丘遊園を代表する催事として恒例化されることになります。「防衛博」と「フラワーショー」という、対極的な二つの大型イベントを成功させることによって、向ヶ丘遊園は高度経済成長期に飛躍のきっかけをつかんだのです。

一方で夏季と冬季のオフシーズン対策として導入されたのは、一九六五年から導入された巨大スケートリンクでした。小田急は一九六〇年から晴海国際スケートリンクを運営していましたが、この営業の好評を受け、また遊園地オフシーズン期間である冬季集客の目玉として、園内にスケートリンクの導入を計画したのです。またこのスケートリンクは夏期には流水プールへの転用が可能であるという特徴がありました。「遊園地にはもともと井戸水使用による小規模なプールがありましたけれども、水泳人口の増加に伴い、受入態勢が不足しているのではないかという疑念を感じていました。たまたま晴海スケートリンクの撤収に際し、その前年あたりに、冬はスケート、夏はプールという便利な機器が開発されたので、これを採り上げ、現在の基礎となったわけです」[14]というように、夏期と冬期という二つのオフシーズンの集客、およびスポーツ施設による娯楽の健全化を狙う一石二鳥の施設として、スケートリンクの営業は一九六五年秋、プール営業の開始は翌六六年の夏から開始され、年間集客の向上と年間集客の季節変動縮小に貢献したのです[15]。

こうして高度成長期における関東地方郊外遊園地の代表的存在となった向ヶ丘遊園でしたが、一九八〇年代に入ると、日本の余暇・レジャーの多様化と、一九八三年に登場した、株式会社オリエンタルランドによる東京ディズニーランドの影響等で、経営状態は悪化してゆきました。その後も新型遊具の投入や、一九八七年に実施された「蘭・世界大博覧会」の誘致などで集客努力は続けられましたが[16]、一九九〇年以降のバブル崩壊の影響からの立て直しはならず、二〇〇二年にはついに閉園に至りました。跡地は「花と緑の遊園地」としての同園を愛する市民の運動により、川崎市が維持管理を引き継ぎ、「生田緑地ばら苑」として春と秋に公開し、市民に親しま

向ヶ丘遊園駅駅舎（著者撮影）。1927年に開業した小田急開業当初の形（マンサード屋根形）を留める、現存唯一の駅舎である。壁面に、当時の小田急社章が刻まれている

れています。また二〇一一年には「川崎市藤子・F・不二雄ミュージアム」が開館しました。[17]

一九八〇年代以降のテーマパークブームのなかでは、もはや鉄道会社の「副業」としての遊園地の競争力維持は難しく、東京ディズニーリゾートやユニバーサル・スタジオ・ジャパンのようなエンターテイメント専門会社が主役となる時代となったのでしょう。

［註］

（1）多摩区の歴史については「多摩区地域史」編集委員会『多摩区OLD & TODAY―川崎市多摩区の歴史』（一九九三年）。

（2）「伸びゆく農協」研究会編『川崎市多摩農業協同組合史』（川崎市多摩農業協同組合、一九六九年）三一頁。

（3）生田地区町会連合会『生田地区町会連合会創立四〇周年記念誌　生田』（二〇〇一年）一三六頁。

（4）川崎市多摩区栗谷町会『栗谷のあゆみ』（二〇〇四年）三九頁。

（5）大塚新平『郷土史ゆりが丘』（大塚書店、一九七二年）五九頁。

（6）白井禄郎「小田急線開通の記録」（稲田郷土史会『あゆたか』第一七号一九八〇年）では、工事費三〇〇〇円を西部地区で負担し、停車場敷地一二〇〇坪も西部地区が無償寄付するとされている。白井論文の根拠となっているのは、西部地区の有力者の一人、元生田村長、白井忠三郎日記である。

（7）当時の橘樹郡町村監督主任が「地方自治体に混乱を引き起こすような私鉄の動きは容認できない。場合によっては土地買収を（郡役所が）許さないという姿勢を示したという。（前掲白井「小田急線開通の記録」）

（8）小田急電鉄株式会社『小田急五十年史』（小田急電鉄株式会社、一九八〇年）一三八頁。しかし小田急線開業の前年から営業が開始されていたとする説もある。

(9)小田原急行鉄道株式会社『第八回営業報告書』(一九二七年)。
(10)前掲『小田急五十年史』一三八頁。
(11)前掲『小田急五十年史』二七七頁。
(12)友和会『向ヶ丘遊園小史』(一九八八年)八一頁。
(13)前掲『向ヶ丘遊園小史』四五頁。
(14)前掲『向ヶ丘遊園小史』八八頁。
(15)以上同遊園の季節変動対策については、拙稿「向ヶ丘遊園の経営史—電鉄会社付帯事業としての遊園地業」(専修大学社会科学研究所『社会科学年報　第四二号』(二〇〇八年)で詳述している。
(16)前掲『向ヶ丘遊園小史』五二頁。
(17)向ヶ丘遊園跡地保存を巡る市民運動については、泉留維・小西恵美・齊藤佳史・永江雅和・永島剛「聞き取り『川崎市向ヶ丘遊園の跡地保全を巡る市民運動—藤子・F・不二雄ミュージアム設立前史—』」(専修大学社会科学研究所『専修大学社会科学研究所月報』(五七九号、二〇一一年)に詳しい。

第七章　駅前団地と多摩ニュータウン

多摩ニュータウンの風景（著者撮影）。戦後首都圏の人口増加対策として計画的に建設されたニュータウン。計画の一環として小田急多摩線が敷設された。

小田急線の開通と柿生駅

お話は川崎市多摩区から麻生区に移ります。川崎市麻生区は一九八二年に、多摩区から分区して誕生した、川崎市で最も新しい区です。小田急線は現在同区の新百合ヶ丘駅から分岐して、現在東京都多摩市の唐木田駅を終点とする多摩線が伸びています。分岐駅となる新百合ヶ丘駅は多摩線の開業と同時の、一九七四年に設置された新駅ですが、現在では麻生区の中心駅として若者にも人気の街に成長しました。

意外に思われるかもしれませんが、現在の麻生区地域のなかで小田急線開業当初からあった駅は、柿生駅一駅のみです。駅名の由来となった柿生村は、日本最古の甘柿の品種とされている禅寺丸柿に由来して名づけられたと言われています。当時柿生村は農村地帯でしたから、駅の設置が最初から保証されている状況ではありませんでした。地元住民は特産の柿の出荷が容易になることや、地域の発展のために駅の設置を熱望しましたが、交渉は簡単ではなかったようです。次のような回想があります。「駅の設置についても会社側では、柿生と鶴川境の一本松附近に一ヶ所だけと提示した。それは勿論、柿生も鶴川も承認できないので、会社に交渉したところ、会社では地元の方々の協力如何によっては考慮するとの回答を得た。要は駅の敷地寄付の問題であった」[1]。つまり小田急は柿生村と鶴川村（現町田市）の中間地点に駅設置を計画することで両村を競合させ、買収条件を有利にしようとしたのでしょう。一銭でも安く土地を買収したい小田急としては当然の交渉かもしれません。結局柿生村では約一〇〇〇坪の土地を二〇〇〇円の買収資金を集めて買収し、これを小田急に寄付することで、駅の設置を実現しました。資金は集落別に駅による利便性の高い集落から多く出す方式で傾斜をつけて集金したといいます。

交渉は小田急優位に進んだ印象がありますが、それでもまとまった土地の売却によって多額の現金収入が発生するという現象に、柿生村では一種の「土地景気」が発生したようです。「小田急電鉄㈱の引き受けをした人たちは大勢あった（一株五十円、但し第一回は十二円五十銭の払込み）。それ以来、農村の人たちも株には興味を持つようになった」[2]というように買収費で株券を購入し、株式投資に関心を持つ住民も出たようですし、「悪質な各種の外交員が一時的ではあるが色々な事業、品物など持参して誘惑の手を延ばし、思わざる被害を受けた人も大勢だった」[3]というように農家の現金を狙ってさまざまな人々が村に押し掛けたりもしたようです。

しかし一方で内陸部の純農村であった柿生村が小田急線開業で受けた好影響もまた大きかったと言うべきでしょう。次のような回想にそれは表れています。

「通勤、通学には便利となり、文化的立場から云えば大なる発展を遂げ、生活水準も高まり、今日の基礎づくりができたものである。無医村に近いこの地にも、柿生駅近くの踏切り横に村野医院（鶴川の人）が開院された」[4]。

「そりゃあ便利になりましたよ。特に上麻生に近い地域は商店などがどんどん増えて、とても活気づいた」[5]。

「柿生駅には、貨物専用の引き込み線も新設されてね。そこから地元名産の禅寺丸柿や野菜などを貨車に満載して、東京方面へどんどん出荷してゆくわけです。柿のシーズンになると駅の周辺は大変なにぎわいでしたよね」[6]。

「終戦後は、青年団活動が活発だったでしょ。私なんかもその活動に首を突っ込み、よく仲間と一緒に新宿まで遊びに行ったものです。あんなことが出来たのも、小田急のお陰。もう〝小田急様々〟でしたよ（笑）」[7]。

「小田急が開通したお陰で、農家の次男、三男坊の働き口が増えましたよね。（中略）当時は、柿生から小田急に就職した人たちが結構いたそうですよ」[8]。

商業施設や病院が地域に造られ、特産の柿を都心に出荷することが容易になり、都心への通勤や小田急への就職により雇用も改善する。鉄道の開業が近郊農村に与えた影響はこのように大きなものだったと言えるのです。

戦後百合ヶ丘駅誘致運動

戦後一九六〇年、柿生駅と西生田駅（現読売ランド前駅）との間に百合ヶ丘駅が新設されました。[9] 森繁久彌主演の東宝映画『喜劇 駅前団地』（一九六一年公開）は同駅設置直後の地域の情景を映したものです。同駅は地元住民の強い希望と運動により設置された駅である点に、特徴があります。一九四九年九月、生田村高石地区の住民の有志が西生田駅と柿生駅の中間に位置する砂利置き場になっていた場所に駅を造ってもらえないかと請願運動を開始しました。当初駅誘致の切り札にPL教団施設か成城大学の移転誘致を進めながら交渉したそうですが、この誘致には失敗することになります。

しかし高石の住民は諦めませんでした。ここで小田急と交渉するために考えた方法は、なんと一九五二年五月、競合会社の東急電鉄に付近の宅地開発交渉をもちかけるというものでした。東急社長の五島慶太が「それならば東急でやろう。東急で宅地造成して家を建てる。駅は小田急が東急の系列会社だから必ず造らせる」[10]と乗り気の姿勢を示したそうです。驚いたのは小田急です。かつての親会社とはいえ、競合相手でもある東急主導の沿線宅地開発を看過することはできず、当時の事業部長、開発課長直々に「弘法松付近は小田急の沿線だから是非小田急に話を戻してほしい」と新駅建設についても了承する姿勢を見せるようになりました。

その後一九五三年五月から用地買収交渉が始まりますが、しかし今度は地域住民間の足並みの乱れが表面化します。一九五四年二月に第一回土地譲渡承諾書を提し、交渉がまとまりかけましたが、この過程での地主間の調整でトラブルが発生します。この件は裁判沙汰にまでなったものの、法雲寺住職香渡機外の仲介により五月に示談が成立しました[11]。さらに駅敷地予定地となった地元の神明社（高石神社）の所有山林が戦後の農地解放対象地に含まれており、その買い戻し条件を巡る交渉がさらに難航し、約一年間の時間が浪費されました[12]。一九五四年一〇月にようやく、当該山林が坪四〇〇円にて買収決定されますが、今度は買収農地の転用許可が難航し、駅建設はさらに引き伸ばされることになりました。難航する駅建設の最後の突破口となったのは一九五五年に設立された日本住宅公団による団地建設計画の浮上でした。この「駅前団地」の建設計画が浮上することにより、農地転用も正式に許可され、一九六〇年の駅開業に辿り着くことになります[13]。地元住民の運動開始から一一年の歳月をかけて完成した駅は「百合ヶ丘駅」と名づけられます。この駅名はもともとの同地の地名にはなく、地元の多くの地主の努力により駅が建設されたとの意味で「百合」の文字が当てられたという説がありますが、この間の経緯を知ると、うなずきたくなります[14]。

多摩ニュータウン構想と新百合ヶ丘駅の建設

戦後高度経済成長期（一九五五年以降）に入ると、東京の人口増加は深刻化し、周辺都市では無秩序な開発（スプロール化）が問題視されるようになりました。政府は一九六三年に新住宅市街地開発法を制定し、首都圏における計画的な住宅地建設を推進することを決定します。同法に基づき東京都は、南多摩丘陵に新都市開発事業、すなわち多摩ニュータウン建設事業を一九六五年都市計画決定しました[15]。ニュータウンは都心への通勤者のベッドタウンとして計画されたため、住宅建設と併行して、都心までの交通網整備が課題となりました。しかし位置的に国鉄の新路線建設が困難であるとの判断から、小田急線（多摩線）と京王線（相模原線）の新線建設が政府から要請されることとなりました。当初西武多摩川線の延長も候補にあがっていましたが、合流する中央線を抱える国鉄が難色を示したため、実現しませんでした[16]。小田急新線は当初喜多見から分岐する案が計画されましたが、第五章で述べましたように、狛江住民の反対運動その他の理由で、柿生―百合ヶ丘間の、旧柿生村（当時は多摩区）万福寺地区案が浮上しました。同地付近は当初丘陵を回避するために、線路がS字状にカーブしている地域でした。しかし多摩線の分岐、向ヶ丘遊園―町田間の急行追い抜き設備設置のため、広大な用地を必要とすることとなり、山を削って広大な駅を造り、線路を変更して従来の迂回線を直線型に作り変える計画案が採用されました。工事は一九七〇年五月に開始され、新駅開業は一九七四年六月、多摩線開業と同時になりました。[17]その大規模な工事について、地元住民の次のような回想が残されています。

「昭和四五〜六年頃『百合ヶ丘』と『柿生』の中間に小田急が新しい駅を造るそうだというウワサを聞いた（中略）秋晴れのさわやかなある日　家内と二人で散歩がてら　新駅ができるらしいという所へ行ってみようとでかけた（中略）こんな深い谷と山をどうやって平らにして駅を造るのか　私のような素人には見当もつかなかった（中略）その後　一年程たつと　大型のシャベルカーや　見た事もないような　いろんな工事車が走り回って　みるみる山をくずし　谷を埋め樹齢三、四十年もたったような松や楢の大木が切り倒されて　山の姿を消していった」[18]静かな小山を大型重機であっという間に造成し、駅用地が整備されていった様子が伝わってきます。その後も「突然　目まぐるしいように　色々なパワーシャベルや　タンクのような工事車や　十トン以上もあるダンプカーが走り回り（中略）山も畑も崩され　金程奥入瀬も押しつぶされて　累々として赤土の様相となり　ドカーン　ドカーンと杭打ちの音がしていたかと思うと　たちまち大きなビルが出来上がっていた　それはホントにたちまちという感じであった　麻生区役所・市民館・消防署の赤レンガが立ち並び（中略）それからは　新百合を中心にした新都市の出現は早かった　アレヨアレヨと見ている間に山林だった所が切り払われ　ブルトーザーで平にされ　雛壇ができたと思う間もなくマンションや住宅が建ち出しましたたく間に住宅地が出現した それはまるで アラジンがランプをこすって 一日で都市ができ上がったような感じであった」[19]。

当時の開発の速度と規模は、地元住民の目から見ても魔法のように思えたのかもしれません。スタジオジブリのアニメ映画『平成狸合戦ぽんぽこ』（東宝一九九四年）は、当時の多摩ニュータウンの開発に着想を得た作品とされていますが、同作に登場する狸のように、棲家を追われ命を失った野生動物も多数いたことであったでしょう。

多摩線は政府と都の計画により造られた路線という性格があったため、用地買収を巡る小田急と地元の関係はそれまでとは少し異なっていたようです。地元住民による次のような回想もあります。「多摩線の場合は、沿線地域の土地区画整理事業とセットの形で、新線開発が進められたんですよ。そのため地元との協議により、初めから駅の設置場所が決まっていた。だから、昔の小田急本線の時と違って、新駅をめぐるトラブルは一切なかったんです」[20]。とはいえ多摩線黒川駅の建設について、「小田急としては当初、地元と一緒に黒川地区の区画整理事業を進め、同時に黒川駅を今のはるひ野駅の場所に造る予定だったんですよ。ところが、黒川の住民の大半が『今のまま農業を続けたい』という理由で、区画整理事業に賛成しなかった。そこで、小田急としては区画整理事業と切り離して、単独で多摩線の延伸工事を進めざるを得なくなり、急遽今の場所に黒川駅を設置したわけです」[21]という話があったり、その後結局、当初黒川駅が予定された用地に、二〇〇四年「はるひ野駅」が新設されるなど、地元住民との交渉事は存在したようです。

［註］

(1)飯塚重信『柿生村と私のあゆみ』（一九七九年）一五三頁。
(2)前掲『柿生村と私のあゆみ』一五五頁。
(3)前掲『柿生村と私のあゆみ』一五六頁。
(4)前掲『柿生村と私のあゆみ』一五六頁。
(5)柿生昭和会編纂委員会『ふるさと柿生に生きて～激動八〇年の歩み～』（二〇〇六年）一八八頁。
(6)前掲『ふるさと柿生に生きて～激動八〇年の歩み～』一八八頁。
(7)前掲『ふるさと柿生に生きて～激動八〇年の歩み～』一八九頁。
(8)前掲『ふるさと柿生に生きて～激動八〇年の歩み～』一八九頁。
(9)「ゆりがおか」は、駅名では「百合ヶ丘」「新百合ヶ丘」と「ヶ」付で表記されるが、住所表記では「百合丘」と表記される。

(10)大塚新平『多摩の郷土史 ゆりが丘とその周辺』(大塚書店、一九七九年)六二頁。
(11)前掲『多摩の郷土史 ゆりが丘とその周辺』七二頁。
(12)前掲『多摩の郷土史 ゆりが丘とその周辺』七六頁。
(13)前掲『多摩の郷土史 ゆりが丘とその周辺』八六頁。
(14)百合ヶ丘駅の由来としては他に、同地が山百合の群生地であったからという説もある。
(15)生方良雄『小田急の駅 今昔・昭和の面影』(JTBパブリッシング、二〇〇九年)一六二頁。
(16)前掲『小田急の駅 今昔・昭和の面影』一六二頁。
(17)加藤一雄『小田急よもやま話 上』(多摩川新聞社、一九九三年)一九五頁。
(18)田中敏雄『金程山春秋』(二〇〇〇年)九八~一〇一頁。
(19)前掲『金程山春秋』一〇五頁。
(20)前掲『ふるさと柿生に生きて~激動八〇年の歩み~』一八九頁。
(21)前掲『ふるさと柿生に生きて~激動八〇年の歩み~』一八九頁。

第八章　町田の「三多摩壮士」と玉川学園

村野常右衛門肖像（町田市立自由民権資料館保管「村野浩太郎家文書」)。多摩の自由民権運動活動家、政友会幹事長等を務め、小田急開業についても大きな影響力を持つこととなった。

株式会社横浜鉄道（現ＪＲ横浜線）の設立

小田急線を下り、多摩川を渡ると神奈川県川崎市に入りますが、柿生駅を越えると鶴川－玉川学園－町田と再び東京都に戻ります。小田急創業者の利光鶴松は、若い時に五日市（現あきるの市）で自由民権運動に関わった経験のある人物ですが、町田にも多摩地方の自由民権を考えるうえで重要な人物がいました。多摩地方で自由民権運動に邁進した活動家のことを「三多摩壮士」と呼びます。小田急開業の背景には利光と、これら有力者の密接な関係がありました。こうしたことを意識しながら、町田と小田急の歴史的関係についてみてゆきたいと思います。

町田市周辺は古代には武蔵国に属し、畿内から中央を経て陸奥に至る東山道の通過地となっており、古代から交通の要衝でした。江戸時代には幕府領となり、検地によって成瀬村や町田村以下二五の村々が包含されました。一八八九年の町村制施行により町田村、鶴川村、忠生村、南村、堺村が誕生し、一八九三年に神奈川県から東京府に編入されます。一九一三年に町制が敷かれ、戦後には南、鶴川、忠生、堺の四村を合併し一九五八年に町田市となりました。

町田市域に最初に敷かれた鉄道は株式会社横浜鉄道、現在のＪＲ横浜線でした。幕末から明治にかけて、日本の主要輸出産品となったのは生糸です。生糸の積出港は幕末に開発された新港横浜です。生糸そのものは関東甲信のほぼ全域で生産されていましたが、これらの生糸の輸送ルートとして八王子から横浜までの道が次第に重要になってゆきました。横浜鉄道の構想はこのような事情を背景にしています。一八九四年に第一回目の八王子―横浜間鉄道計画書提出がなされましたが、政府により却下されました。却下の理由は明治政府が官営で同路線を計画していたからだと言われています。しかしその官営計画は実現せず、地元住民も諦めずに申請を続けた結果、一九〇二年の通算五回目の提出時に、沿線住民の利益と地域町村の繁栄や殖産事業の発展に力を入れることと、政府の必要時には無条件で政府による買収を受け入れることを条件として、認可に至りました[1]。

実は当初横浜鉄道は町田市域を通過する予定ではなく、現相模原市の小山地区を通過予定であったそうです。しかし、農作業への支障や、工事を巡る煤煙や騒音などの公害問題への不安から、小山地区住民が敷設に強く抵抗した結果、小山地区を通さず原町田―渕野辺―矢部新田を経て相原を通ることになったと言われています。町田は町田で、沿線市域の住民が「線路が通ると道路を寸断するので、畑の耕作に行くのが遠くなり不便だ」、「汽車の汽笛でニワトリが卵を生まなくなる」、「煤煙で桑が汚れ蚕が育てられなくなる」などと市域通過に反対したため、市街中心部より相模原市域寄りの旧原町田村を走ることになったという経緯があるようです。その他に淵野辺―相原間の地域住民の要求によって、新たに橋本駅が設置されるなどという紆余曲折を経て、工事が完成したのは一九〇八年八月のことであり、翌月九月二三日から全線が開通されました。[(2)]原町田駅を中心とする地域に横浜線が与えた影響は大きく、町田村の中心地は従来の宿であった現在の本町田付近から、駅が新設された原町田に移りました。横浜・八王子方面からの往来客も増え、行商人も盛んに行き来するようになりました。しかし横浜線全体での経営は必ずしも好調とは言えなかったようで、一九一九年に経営は国に移ることになりました。[(3)]

小田急線の開通と村野常右衛門

横浜鉄道開通後も町田の住民が都心部に出るためには、横浜線で八王子に行き、中央線を利用するか、横浜に出て東海道線を利用するしか手段がありませんでした。そのため都心部に直結する小田急線建設のニュースは町田周辺住民にも歓迎されました。反対運動が横浜線時より少なくなったのは、鉄道の地域経済に与える影響が浸透したことと、鉄道の電化により、周囲への悪影響が少なくなったためではないかと考えられます。

町田市域への小田急誘致に関して、多くの文献で名前があがる村野常右衛門という人物がいます。村野は一八五九年多摩郡野津田村に生まれ、民権運動家として活躍し、大阪事件に連座したこともある人物です。文武道場「凌霜館」を建て、若手民権家の育成に取り組む一方、県会議員、衆議院議員となり、一九一四年には立憲政友会の幹事長にまで登り詰めました。小田原急行鉄道社長である利光鶴松は、第一章で述べたように、自由党員として東京市政に参加していた前歴があり、自由民権運動のなかで村野と親交があったようです。政友会の有力者となった村野は、小田原急行の免許取得にあたって貢献があったとも言われています。[4]これに関して次のようなエピソードが残されています。「小田急敷設の許可が下りると、利光鶴松は当時の代議士中野寅次郎を同道して村野を訪問し、その斡旋の労を謝し、うやうやしく金参拾萬円を謝礼として差し出した。当時の三十万は今日のどう見積っても三千万円は下るまい。ところが、村野の顔面は蒼白となって、『一体この金は何だ。不肖、村野は金が欲しくて君を応援したと思うのかーッ。馬鹿者！』と怒髪天をつく憤りで、立ち上がるやいなやその金を蹴とばしたと伝えられている」[5]。利光にとって村野は頭の上がらない存在であったかもしれません。その他にも稲田村の伊藤葦天も「小田急建設当時、僕（伊藤葦天）は利光社長や村野常右衛門老などとよく会っていた」[6]という証言を残しており、利光鶴松は自由党時代の政治的人脈を活かして、小田急線建設に関わる政府や沿線地域との交渉をまとめていったのでしょう。村野は地元鶴川村においても、鶴川駅の設置と地元の土地買収において地主との間に入り大きな力になったと言われています[7]。

町田駅交差問題と駅前の発展

現在JRの町田駅と小田急町田駅との間には数百メートルの距離があり、それを知らない乗換客を慌てさせることがあります。しかし設立当初の横浜線原町田駅と小田急線新原町田駅との間には、現在以上の距離がありました。これは両線の開業時期に一九年もの時差があったことが影響しています。小田急線開業時に新駅を横浜線原町田駅と交差させる構想と、要望は存在したようです。しかし原町田駅周辺はすでに町田の中心街として人家が密集しており、町を分断することを恐れる地元の反対意見も強く、交差駅としての用地買収は不調に終わってしまいました。結果として森野という当時の原町田駅の北西に四〇〇メートル以上離れた地点に、小田急線新原町田駅が建設されることになりました。一駅の距離が離れた結果、乗換の乗客には不便な状態となってしまいましたが、それまで農家が数戸散在する程度の地域であった新原町田駅付近は、駅の開設により急速に市街地化が進み、沿道の商店街が形成され、結果として町田の中心街を拡大する効果があったということもできます[(8)]。

横浜線・小田急線の開通により、町田市域は宿場町としての機能が低下し、宿屋・飲食店などが衰退するという影響もありました。その一方で、東京都心へのアクセスが向上し、特に小田急線は新原町田－新宿間を一日三八往復運行（片道五四分、五八銭）したため、原町田の「二一・六の市」には遠方からの商人や来街客が増加して街の発展をもたらしました。町田町の人口は一九一五年の四八九〇人から一九二八年の八三七四人と倍増に近い発展を見せることになったのです[9]。

戦後高度経済成長期に入ると、町田市内には都心のベッドタウンとして、次々と大型団地が建設されるようになりました。沿線人口の増加により、小田急線でも中・長距離地帯の輸送需要が増加した結果、小田急では急行・準急の一〇両編成運転を構想します。町田市でも国鉄と小田急駅間の約二・一ヘクタールのエリアの再開発が計画され、小田急はこれに協力する形で、①ホーム延伸などの駅改良、②百貨店を想定した駅ビル開発、③町田市の委託による都市計画道路と線路の立体交差工事の三つを構想しました。新駅ビルは一九七六年に完成し、地下二階、地上十一階、線路がビルの三階部分を貫通するという、当時世界に類を見ないユニークな構造のビルとなります。当時の福祉政策を反映させ、車椅子専用トイレ、視覚障害者用タイル、点字用自販機などが沿線でいち早く導入されるという一面もありました。ビルには駅の他に、前年の七五年に設立された株式会社町田小田急（小田急百貨店の子会社）が設立され、実質的な小田急百貨店第一号支店として七六年九月二三日に開業しました。新駅ビルの完成により、新原町田駅は市を代表する駅として町田駅に改称されます[10]。また一九八〇年には国鉄原町田駅がやはり都市計画の一環で小田急駅側に約四〇〇メートル移設され、こちらも国鉄（現ＪＲ）町田駅となり、乗換の不便も多少ながら改善したのです。

玉川学園駅と小原国芳

町田市内には鶴川駅と町田駅の間に玉川学園駅があります。同駅は小田原線開業二年後の一九二九年に新設された駅です。玉川学園を開学したのは、本書第四章で登場し、成城学園都市建設に貢献した小原国芳です。成城学園主事であった小原は、訳あって成城学園を離れることになり、成城とほぼ同じ手法を用いて玉川学園を構想しました。以下小原の回想を一部紹介します。

「美しい学園（成城学園：引用者注）がほぼ出来上がったころ（中略）『どうしても、もう一度、最初からやり直してみたい』という気持ちが、むくむくとわいてきました。東京に帰って、さっそく土地探し。小田急線を幾度も往復して、現在の玉川学園の地を見つけました。好条件がそろっている。一つは東京府に属しているため宅地分譲がしやすい。一つは新駅の設置条件を満たしている。そして、なによりも美しい丘陵地帯。ペスタロッチのノイホーフの学校に良く似ている。[11] 土地経営の最大の秘けつは、新しい駅ができるかどうか。駅が出来れば、地価はグンと上がる。（中略）私は成城の時と同じように、学校名の新駅を作りたい。そのためには、まず土地を買収、小田急さんに土地駅舎、引き込み線用地を寄附して、駅を許してもらおう」[12]。

用地買収については成城学園の時とは異なり、小田急を巻き込むことができません。関係地主に対する必死の交渉が行われました。「私が欲しいと思った東京府下の丘陵地帯（現在の町田市玉川学園）百万坪（三百三十万平方メートル）の地主は約二百七十人。地主さん方に集まっていただいて、私は一世一代の大演説。『お願いいたします。私はこの土地に世界一の学校を造りたいのです。田や畑をつぶしてくれとは申しません。山と丘が欲しいのです。（中略）先祖伝来の土地を手放すことが、どんなに大変なことか、じゅうぶん存じております。私もできるだけ奮発します。現在の地価の三倍。三倍をお払いしますから、売ってください』みなさん、驚かれたようでした。『あの山が三倍なら』ということで、一晩で話はまとまりました。昭和三年、坪平均一円五十銭。まとまった土地を一度に入手するためには、市価の三倍払うという度胸は、成城経営の時身についた尊い知恵です」[13]。小原の回想が事実であるとすれば、小田急開業時の川崎市生田村における畑の買収価格が坪一円五〇銭、山林四〇銭でしたから、市価の三倍であったかはともかく、山林坪一円五〇銭が相場の三倍とする回想は一応辻褄が合っています。

とはいえ坪一円五〇銭で一〇〇万坪の買収となると、総額は一五〇万円に達します。その買収資金を小原はどのように調達したのでしょうか？「さて、土地はまとまりましたが、金がない。

まったくの無一文からの出発。成城でも助けて下さった王子製紙社長の井上憲一さんに保証人になっていただいて、講談社の野間清治さんに借金の申し込みに出かけました。『お願いにまいりました。（中略）金利も払います。百万坪の土地を担保にします。日本一の出版社の文化事業と考えて貸して下さい』『王子の社長さんを連れてこられたのですから、お貸ししないわけにはゆかんでしょう。参りました』――こうして野間さんから四十五万円の融資を受けることになりましたが、『諸雑費八万円は自分で作りなさい。八万円の現金が用意できない男には、大事業はできないと思います』と、試練を与えられました。私はさっそく、陸軍測量本部で地図を買い、予定地を畳一畳ぐらいに拡大、道路計画を書き込み、宅地分譲図を作り、青写真に焼きました。そして義弟の高井望君を呼び、『この地図を持って満州（現中国東北部）へ行き、日本人に土地を売って来い。坪七円で八万円売れるまでがんばってこい。直ちに出発』土地分譲といっても、登記どころか金も払っていない。東京では売りにくい。私もずいぶんムチャなことをしたものです。満鉄には橋本総裁をはじめ何十人もの父兄がいらっしゃる。高井君は二、三日でバタバタ売って、飛行機で帰国。とにかく、こうして野間さんの試験に合格、四十五万円を借りて土地を買うことができました」[14]。無茶な出張を命じられた義弟の立場を思うと気の毒になる話ですが、このような形で資金は調達されました。これでも一五〇万円には足りませんから、他にも融資先はあった可能性があります。

次は分譲です。「住宅地を造成して分譲です。安いところで坪五円、だいたい坪七円。順調に売れて行き、現在の玉川学園の敷地二十万坪（六十六万平方メートル）と校舎の建設費が残りました。その間に、小田急さんに駅を寄附して『玉川学園前駅』として電車をとめてもらい、生徒の足を確保するとともに、町づくりをいたしました。玉川学園の最初の校舎、中学校の上棟式を行ったのが昭和四年三月。私四十二歳。その時の喜びは筆舌につくせません」[15]。

実際には分譲も当初から好調だったわけではなく、設立当初は宅地の売れ行きが伸び悩んだようですが、一九三五年以降、小原の文教都市創造に共鳴した文化人等が徐々に居住するようになり、学者、文化人、芸術家の邸宅、キリスト教各派の教会が多く立地する高級住宅地となってゆきました[16]。いずれにせよ、学校の教師が二つもの学園と駅、そして高級住宅地を造り上げるというのは、スケールの大きな話です。そういえば鶴川では戦後、吉田茂の懐刀と呼ばれ占領軍との交渉で活躍した白洲次郎が居を構え、その自宅が「武相荘」として公開されています。村野常右衛門に小原国芳、そして白洲次郎と、町田にはスケールの大きな人物を引き寄せる磁場があるのかもしれません。

[註]

(1)森山兼光『町田郷土誌』(久美堂、一九九六年)五〇頁。
(2)前掲『町田郷土誌』五一頁。
(3)自由民権資料館『町田の歴史をたどる』(町田市教育委員会、一九八一年)一三六～一三七頁。
(4)下村栄安『町田街道』(武相新聞、一九七二年)一四三頁。
(5)前掲『町田街道』一四三頁。
(6)伊藤葦天『稲毛郷土史』(稲毛郷土史刊行会、一九七〇年)二九四頁。
(7)町田の歴史をさぐる編集委員会『町田の歴史をさぐる』(町田市、一九七八年)一七四頁。
(8)前掲『町田の歴史をたどる』一六九頁。
(9)町田市史編さん委員会編『町田市史　下巻』(町田市、一九七六年)九一六～九一七頁。
(10)小田急電鉄株式会社『小田急五十年史』(小田急電鉄株式会社、一九八〇年)四九七～五〇〇頁。
(11)ペスタロッチとは一八～一九世紀スイスの教育実践家。フランス革命後の混乱のなかで、孤児や貧民の子などの教育に従事した。
(12)「小原国芳」(『私の履歴書(文化人一九)』日本経済新聞社、一九八四年)二八〇頁。
(13)前掲「小原国芳」二八〇頁。

(14)前掲「小原国芳」二八二頁。
(15)前掲「小原国芳」二八三頁。
(16)加藤一雄『小田急よもやま話　上』(多摩川新聞社、一九九三年)二一八頁。

第九章　「軍都」相模原・座間と林間都市計画

相模女子大学西館（著者撮影）。かつて陸軍通信学校であった時代の将校集会場であった建物が保存されている。

政令指定都市相模原

町田駅を過ぎると小田急線は再び神奈川県に入ります。相模原市は、神奈川県内では横浜市、川崎市についで第三位の人口規模を擁する政令指定都市です。一八八九年に成立した新磯村、麻溝村、田名村、溝村（一九二六年に上溝町）、大沢村、相原村、大野村、座間村（一九三七年に座間町）の二町六ヵ村が一九四一年に合併して相模原町となりました。戦後一九四八年に座間町が分離したのち、一九五四年に市制を敷き、相模原市になりました。相模原市はさらに平成の大合併により、津久井町、相模湖町、城山町、藤野町を編入し、二〇一〇年に神奈川県で三つ目の政令指定都市となったのです。一方、座間村は町村制により、座間村、座間入谷村、栗原村、新田宿村、四ツ谷村の五村が合併し形成された村です。一九三七年に町制を敷き、戦時中は「相模原町」の一部となりますが、一九四八年に再分離。一九七一年に市制を敷いて、今日に至っています。

相模原市の形成には、一九三〇年代以降のこの地域の「軍都化」が強く影響し、それは小田急の経営にも大きな影響を与えました。また相模原市、座間市の南部において小田急は大規模な都市開発を試みました。林間都市計画と呼ばれたその経過についても本章で見てゆきたいと思います。

座間駅の設置と地元の反対運動

小田急小田原線開通当初、現在の相模原市域に駅は設置されず、新原町田から座間駅（現相武台前駅）までが無駅区間という状態でした。現在の相模大野駅、小田急相模原駅が設置された場所は当時の大野村に相当しますが、大野村が駅の設置を小田急に要求したかどうか、明らかではありません。座間駅（現相武台前駅）の立地場所に関わる交渉に、新磯村の住民が参加しており、結果として駅が座間村と新磯村の境界近く、座間村中原に立地することになったというのが、確認できる記録です[1]。

つまり両市を通して開業時に設置された駅は座間駅一つであるわけですが、座間村ではむしろ反対運動が目立つ状態であったようです。同村では歴史的に鉄道敷設に対して反対の記録が多く、明治時代に相模鉄道や武相中央鉄道の建設が計画された際も、付近住民の多くが反対したと言われています。理由の一つとして鉄道敷設に伴う橋梁や線路が、相模川に面する同村の水害の危険性を高めると考えられたことがあるそうです[2]。その他町田や厚木に比べ、農村地帯としての性格が強い座間では、鉄道に否定的な感覚を持つ住民も多かったようです。小田急電鉄の誘致が浮上した際、座間村では敷設反対の地主百数十人が敷設取り止めを求める緊急動議を村長に提出しましたが、反対理由は「若い者が町に出ていって身上をつぶす」、「交通事故が多発する」、「百姓に電車は要らぬ」、「線路により耕地が分割され、交通も不便になる」「鶏が卵を産まなくなる」などであったそうです[3]。

座間村住民の反対に遭遇した小田急側は交渉の過程で、村側への影響を最小限にするべく路線の修正を行い、一九二四年四月二八日付で、座間村・新磯村（現相模原市）の住民との間で次のような内容の契約を締結しました。

①小田急は村側の希望に従い、停車場、車庫、修繕庫、社宅、並びに変電所等を村内通称「中原」に施設すること。

②前項の代償として、村側は小田急に対し、前項の敷地のうち土地七千坪を無償提供すること。

③小田急側が村の要望に応じて路線を変更した結果、土砂の不足が生じた場合、村側は小田急に便宜を図り、一千坪まで土砂を提供すること[4]。

村側は小田急施設の設置を村の希望位置に指定する代償として、用地や土砂の一部提供と工事への協力を約束したことになります。ただ工事への協力については村人にもメリットがありました。労賃として日当が農閑期には七〇～八〇銭、農繁期には一円六〇銭ほど支払われたとあり、沿線農民にとって貴重な現金収入となったようです[5]。

買収価格については、会社側の提出価格が坪約二・三円に対して、一一名の地主が結束して坪四円を主張して譲らず、斡旋した村担当者が非常に苦しい立場に立つことになったそうですが、有力者らの調停により一九二六年二月四日に至り、坪二・六円で妥結したといいます[6]。とはいえ、不本意な形で買収を強いられた農家も残ったそうです。駅敷地に所有農地の一部がかかり、三・八反の買収を強いられた上宿在住の農家では、後継者の長男が買収に同意した父親に対して「これから実際に百姓をやるのは俺なんだ。この俺が百姓をやるんだから絶対にだめだ」と反対したのに対し、村の有力者から「我慢をしてくれ、五〇年待てばきっと良いことになるから」と説得され、しぶしぶ承諾したというエピソードも残されています[7]。

江ノ島線の開通と「林間都市」建設

小田急は小田原線開通の二年後、一九二九年四月一日、大野村谷口深堀付近から分岐して江の島へと向かう支線を開通させました（工事着手は一九二八年二月一日）。この時点で分岐点に駅は開設されず、分岐用の信号所が造られただけだったそうです。小田急はこの江ノ島線沿線の土地、高座郡大和村から山林・畑地約五二万坪、座間・大野両村から約二四万坪を住宅地として買収し、「林間都市」と名づけた高級住宅地を分譲する構想を立てました。「林間都市」というネーミングは目黒蒲田電鉄（現東急）の「田園都市（田園調布）」のコンセプトに影響を受けたものだと言われています。計画では駅を中心とした放射状の街路を造り、公園や学校、スポーツ施設を建設し、文化的で快適な林間都市生活が営めるように各種施設の設置を計画しました。教育施設としては利光鶴松の娘、伊東静江が大和学園（現・聖セシリア学園）を開校します。その他に野球場、サッカー場、テニスコートなどが造営され、「相撲専修学校」、成田山宗吾霊廟の分祀、松竹撮影所の移設などが計画されました。この林間都市構想のPRのため、当初「中和田」、「公所」、「相模ヶ丘」の名前で開設する予定だった三駅を「東林間都市」、「中央林間都市」、「南林間都市」に変更したのです（後に駅は現在の大和市）。

大野村中和田分の買収地約一五万坪は、岩本信行という人物が委員長となって買収交渉を進めたそうです。当時農工銀行（現みずほ銀行）から借金する場合、担保として一反につき四〇～五〇円しか貸さなかった時代ですから、当時の買収価格である坪一円というのは、通常の売買価格としては良い値段であったようです[8]。

当時現金収入が少なかった大野村で、この買収資金の流入は村にちょっとしたバブルを引き起こしました。『横浜貿易新報』の一九二六年一一月二六日の記事には次のような文があります。「小田原急行で遊園地計画を以て買収した大野村中和田の土地約十四万坪、此代金約銃名七万円の支払ひは二十三日午前十時より事務所阿部国太郎方で行った。是より前各銀行は預金者の争奪戦であったが、此日早朝瀬谷・横浜両銀行は事務所内に、農工銀行川和支店は古木米吉氏宅に、町田銀行は阿部吉宗氏宅に何れも出張所を設けて猛宣伝を試み、殊に瀬谷や頭取以下九名自動車で出張、事務所入口に大看板を立て、行員二名は出入者に営業振りを示し、其他個人訪問をなす等活動盛であった。地代金は午後二時小田急代表石川瀧雄氏より小切手を以て受領、瀬谷・横浜両銀行にて便宜現金に引換えられ、午後四時頃には殆ど預金も終り解散したが、横浜銀行は町田代理店義沢氏の産地だけに信用厚く過半の成績を収め、農工銀行川和支店・瀬谷銀行之に次ぎ、ひとり町田銀行は預入者頗る僅かであった。上溝警察署よりは万一を憂へ、部長以下数名の巡査出張監視した」。買収資金の預金獲得を巡って地元の金融機関が争奪戦状態となり、警察が出動する厳戒態勢になったというエピソードです。

買収された用地の住宅地としての分譲は一九二九年から開始されましたが、昭和恐慌とその後の戦時体制化への流れのなかで、その販売成績は低調に推移しました。筆者自身がかつて聞き取りで、「当時成城でも家が買えた時勢で、林間都市は都心から遠すぎた」との回想をうかがったことがあります。小田急は下見客への無料乗車券配布、土地購入者への優待券発行など、さまざまな営業努力を試みましたが、その甲斐なく事業は縮小を余儀なくされ、結果、住宅分譲は一九四〇年に東京横浜電鉄株式会社（現東急電鉄）に販売が委託され、同四三年には座間の約一七万坪を箱根土地株式会社に譲渡し、士官学校の将校下士官の住宅建設地に使用するという形になりました。住宅分譲事業としては失敗だったと言えるでしょう。駅名も一九四一年にそれぞれから「都市」の名称が削られ「東林間」、「中央林間」、「南林間」と改称に至りました[9]。

幻の座間遊園地計画

林間都市の構想は座間村にも影響を与えました。座間駅（現相武台前駅）の開設交渉が一段落した一九二五年六月、小田急社長利光鶴松は座間村長稲垣許四郎に宛てた書簡のなかで、「実は弊社は御村管内において将来少しく遠大の企図を有し従ってこれに要する土地購入の希望」があると明かし、便宜を図ってもらえるよう依頼しています[10]。ここで利光の書いた「遠大の企図」とは林間都市構想のことと思われますが、これに付属する計画として小田急では小田原線開通後、座間駅東の一帯、現在の立野台地区に大規模な遊園地を建設する計画を建て、用地の買収を実施しています。計画面積は約七四ヘクタールであり、窪地部分を利用して池を造り、周囲を環状道路で結ぶ計画もあったといいます。買収価格は坪平均一円七〇銭ほどでした[11]。

開業から四ヶ月近く遅れた一九二七年七月末には、「新座間」駅が開設されます。これが現在の座間駅です。駅開設にあたっては付近地主が小田急に高額の寄付を行い、開業を記念して地元名物の大凧に小田急の社章を描き揚げて祝う一幕があったと言われています[12]。開業前には反対があったとしても、いざ開業してしまった以上、村の中心部から離れた場所に駅が設置されたのは不便であるとの現実的な認識であったのでしょう。小田急側としても新駅は遊園地の入り口として有用であるとの認識もあり、比較的交渉がスムーズに進んだようです。また少し後のことになりますが、一九三七年には「新座間」の駅名を「座間遊園」に改称したことからも、新駅と遊園地構想の関連を見ることができます。

しかし同地の遊園地開発は難航し、一九三七年の段階で用地を別荘地として分譲する計画が浮上しました。当時小田急開発課が配布した広告文が残されています。「小田急本線座間遊園駅下車、陸軍士官学校隣接の高台にして西方相模川の清流を俯瞰し箱根、大山、丹沢の連山は指呼の裡に在り、又広茫樹海を隔てて東南遥に相模灘を望み風光雄大、然も老松、杉、檜、亭々として自然の防護地区であり、近郊随一の別荘地であります」[13]。分譲価格は坪五・五〜七円であり、即金あるいは三〜一〇年の割賦が可とされています。その後後藤新平が遊園地内に明倫大学を建設するであるとか、尾崎行雄の別荘が建築されるであるとか情報は乱れ飛びましたが、結局いずれも実現しませんでした。

しかしこの分譲計画も戦時体制のなかで不振に終わり、一部用地の所有権を箱根土地開発株式会社に譲渡することになりました。駅名も一九四一年に「座間遊園」駅から「座間」駅となります。[14] 遊園地用地は戦後東急系列の不動産業者によって、住宅地として分譲されることになりました。

相模原・座間の「軍都」化と新駅の建設

一九三〇年代後半に入ると、それまで雑木林や荒野が多かった相模原を中心とする一帯に、続々と軍の施設が設立されるようになりました。一九三八年に臨時東京第三陸軍病院、三九年に電信第一連隊、陸軍通信学校、四〇年に陸軍衛戍学校等が設立され、相模原地域は一挙に「軍都」の様相を呈し始めました。このような軍事施設の進出は、皮肉なことに昭和恐慌期の経営難に苦しんでいた小田急電鉄の経営的苦境を救うことになります。

軍事施設の新設に応じるように、小田急は付近に新駅の建設を進めました。まず一九三八年に江ノ島線分岐点にあった信号所付近に新駅「通信学校駅」を、日中戦争の傷痍兵士を収容するための臨時東京第三陸軍病院付近に「相模原駅」を開設します。この二駅はその後の情勢の変化により名称を変えることになります。まず一九四一年に国鉄横浜線の相模原駅が開設したことにより、名称を「小田急相模原」に変更しました。国鉄相模原と小田急相模原は一〇キロメートル近く離れており、地元に詳しくない旅行客を混乱させる原因となっています。また「通信学校駅」は一九四一年に防諜上の観点から軍事施設名が除去され、現在の「相模大野駅」に変更となりました[15]。

一方座間村でも一九三六年に陸軍士官学校誘致問題が浮上しました。それまで東京の市ヶ谷にあった陸軍士官学校は、生徒数の増加と、近隣の市街地化による演習地の不足により、本科と予科を分離し、本科を移転することになりました。この候補地として相模原が浮上し、座間・新磯村の一八万坪、練兵場用地として新磯、麻溝村の用地一四九万坪が買収されました[16]。座間村では土地約六〇〇町歩の軍による買収計画が浮上し、失業対策と補償を巡り、地元は紛糾しましたが、結局非常時ということで半ば強制的に用地買収されてしまいました。これによって旧座間駅は「士官学校前」と改称され、駅の乗降者数は急速に増加したといいます[17]。しかし一方で、軍施設付近の居住にはさまざまな制限が課されており、駅前の宅地化はなかなか進まなかったとも言われています[18]。また前述のように一九四一年、防諜上の見地から、駅名に軍事施設名を記すことが禁止された結果、士官学校前駅は相武台前駅と改称されました。「相武台」とは一九二七年の士官学校卒業式に臨席した昭和天皇が、同地を「相武台」と呼んだことに由来しています。当初はこれを駅名にすることが「不敬」であると問題視する意見もあったそうですが、「相武台前」とされることで決着し、戦後の今日でも「相武台前」の呼称で親しまれています[19]。

相模原では終戦後、これらの軍事施設が一部米軍に接収された他は、次々と住宅地化が進められ、都心のベッドタウンとして変貌を遂げてゆきました。一九四六年には旧通信学校跡地に東京大塚から帝国女子専門学校（現相模女子大学）が移転しました。また一九五九年には日本住宅公団による相模大野団地が建設され、市の人口も急速に増加してゆきました。小田急線は現在の相模原市全域から見れば市の南西部をかすめるように走っているだけですが、その後、相模原陸軍病院（米陸軍医療センター）の跡地にロビーシティ、グリーンホール、伊勢丹相模原店などが立地するなど、同路線の各駅が、相模原市の玄関口としての発展をみるようになりました[20]。座間市では士官学校用地は占領軍に接収され、その後も在日米軍のキャンプ座間として米軍による利用が続けられています。

［註］

(1)座間市『座間市史4近現代資料編2』（座間市、二〇〇三年）七七頁。

(2)語り伝え聴き取り調査団『座間の語り伝え　交通・交易・住屋編』（一九七九年）一四頁。

(3)加藤一雄『小田急よもやま話　上』（多摩川新聞社、一九九三年）二七三頁。
(4)前掲『座間市史4近現代資料編2』七七頁。
(5)前掲『座間の語り伝え　交通・交易・住屋編』一六頁。
(6)相模原市『相模原市史　第四巻』（相模原市役所、一九七一年）四一〇頁。
(7)前掲『座間の語り伝え　交通・交易・住屋編』一九頁。
(8)前掲『相模原市史　第四巻』四一四～四一五頁。
(9)前掲『小田急よもやま話　上』二三九頁。
(10)前掲『座間市史4近現代資料編2』七八頁。
(11)座間市立図書館市史編さん係編『目で見る座間』（座間市、一九八六年）二九頁。
(12)前掲『座間の語り伝え　交通・交易・住屋編』一七頁。
(13)前掲『座間市史4近現代資料編2』一五七頁。
(14)前掲『小田急よもやま話　上』二七二頁。
(15)生方良雄監修・鎌田達也『小田急線沿線の1世紀』（世界文化社、二〇〇九年）九二、九五頁。
(16)野田正穂・原田勝正・青木栄一・老川慶喜編『神奈川の鉄道（一八七二―一九九六）』（日本経済評論社、一九九六年）二一五頁。

⒄前掲『小田急よもやま話　上』二七三～二七四頁。
⒅前掲『座間の語り伝え　交通・交易・住屋編』二〇頁。
⒆前掲『小田急よもやま話　上』二七一頁。
⒇前掲『小田急線沿線の1世紀』九二頁。

第一〇章　海老名と厚木の駅前開発

本厚木駅北口一番街通り（著者撮影）。小田急開業時、相模厚木駅北口一帯の地主であった中野再五郎が自費で建設したと伝えられる。

相模川を挟む海老名と厚木

小田急線はいくつかの大河川を鉄橋で渡りますが、相模川は多摩川、酒匂川と並ぶ規模の存在だと言えるでしょう。海老名市と厚木市は相模川を挟んで、それぞれ左岸と右岸に位置する自治体です。本章ではこの海老名・厚木地域における小田急線誘致を巡る地元の活動と、関連する交通機関の浮沈について見てゆきたいと思います。

海老名は相模川左岸の肥沃な土地に位置し、縄文時代から人が居住していたと言われ、古墳も数多く確認されています。奈良時代には相模国分寺が建設された相模国の中心地の一つでした。一八八九年の市町村制で海老名村と有馬村が成立し、戦後の一九五五年に両村が合併します。そして一九七一年に市制を施行し、現在に至っています。厚木は相模川右岸の相模平野北端にあたる街で、相模川の他に丹沢水系の中津川・小鮎川などが合流する位置にあります。古来相模国を東西に横断する大山街道、矢倉沢往還などの宿場町であり、さらに南北に流れる相模川を活用した河川流通が発達した交通の要衝でした。「厚木」の由来は、この水運を活用して輸送される木材の集積地であった同地を「あつめ木」と読んだことにあるという説もあります。明治時代一八八九年に厚木町が成立し、神奈川県愛甲郡の郡役所所在地となりました。周辺農村部における養蚕業の隆盛とともに、絹の集散地として発展するかにみえましたが、東海道本線が県南部に開通したことにより、沿岸地域に比べ発展で遅れを取る形になりました。そのため厚木地域の有力者は同地を経由する鉄道の誘致を熱望していました。

海老名の鉄道ブーム

現在の海老名市は小田急線に加えてＪＲ相模線、相模鉄道の三路線が複雑に交差する交通の要衝となっています。しかし大正期までの海老名地域には鉄道は引かれておらず、地域住民が東京方面に出るためには東海道線の茅ヶ崎駅か戸塚駅まで歩くか、相模川を船で下って平塚駅に出る必要がありました。村民が東京方面に向かう場合、夜中に集合して茅ヶ崎駅まで歩くことが一般的であったそうです。

しかし大正期の鉄道建設ブームのなかで、海老名市域には小田原急行鉄道（現小田急）、相模鉄道（現ＪＲ相模線）、神中鉄道（現相鉄線）の三路線の計画が次々と浮上することになりました。この時期の鉄道ブームの背景には、鉄道が不況期にもある程度強い産業として有力な投資対象とみなされたこと、鉄道建設に伴う利権が政治家の党勢拡大の手段として用いられたことなどが指摘されています[1]。

最初に動きがあったのは相模鉄道です。一九一六年六月、茅ヶ崎町から相模川沿いを北上し高座郡相原村を結ぶ軽便鉄道計画が認可されました。相模川流域にはそれまで鉄道がなく、鉄道敷設により農産物と相模川で採取される砂利の輸送手段ができること。また同線が中央線・東海道線との連絡路線としての役割を果たすことが期待されたのです。相模鉄道と名づけられた鉄道会社の発起人総会には有馬村長宇田吉五郎、海老名村長望月珪治も参加しました。相模鉄道は一九二二年までに茅ヶ崎—寒川間が開通した後、経営難や関東大震災の影響で延伸が遅れましたが、一九二六年に寒川—厚木間、一九三一年に厚木—橋本間が開業しました。これによって有馬村に社家駅、海老名村に厚木駅が開業しました。

次に神中鉄道です。一九一五年六月、海老名村河原口から東海道線保土ヶ谷停車場前を連絡する（後に終点は横浜駅に変更）路線の敷設趣意書・企業目論見書が鉄道院に提出され、一九一六年八月に認可されました（会社設立は翌一七年一一月）。初代社長の小島政五郎は当時瀬谷銀行頭取であった人物です。同鉄道は第一次世界大戦による資材不足で測量が遅れ、さらに終点となるべき保土ヶ谷停車場や横浜停車場の施設変更や移転などにも影響され、起工は一九二四年までずれ込み、全線開通は一九三三年までかかる難産の路線でしたが、海老名市域に関しては小田急開業より早い一九二六年五月に二俣川—厚木間が単線で開通し、相模国分・厚木の二停車場が開業しました。

そして最後は小田急小田原線です。同線の事業免許申請が行われたのは一九二〇年のことです。免許の認可は二二年五月と、三線のなかでは最後発と言えます。しかし工事は非常に迅速に進められた結果、開業は一九二七年四月と前の二線とほぼ同時期になりました。つまり海老名では一九二六年から二七年の二年間に三社の鉄道が開業するという鉄道ブームが起きたわけです。海老名市内における線路と駅の用地問題に関して、『海老名市史』には当時の海老名村の沿線地主と小田急が締結した契約書が掲載されています。一部引用しましょう。「契約書　小田原急行鉄道株式会社千田篤ト（以下甲ト称ス）高座郡海老名村国分、上今泉、下今泉関係地主代表者（氏名略）（以下乙ト称ス）トノ間ニ契約スルコト左ノ如シ　第一条　乙ハ国分、上今泉、下今泉地内乙所有地ヲ甲ノ軌道敷設用地トシテ、左ノ価額ヲ以テ甲ニ売渡スコトヲ承諾ス　但シ甲ニ於テハ停留所ヲ設置シ、乙ニ於テハ甲ノ指定ニ従ヒ六百坪ノ土地ヲ停留所敷地トシテ甲ニ無償寄附スルコトヲ条件トス　一、田、畑平均一坪当リ金参円六拾六銭六厘」[(2)]。

契約書の日付は一九二五年二月二五日です。沿線地主は用地買収に応じる代わりに取り決めた場所（国分）に駅を設置する。なお停留所用地は地元が無償で寄付をするという内容です。なお後段の第六条には駅が決められた場所に設置されない場合は買収敷地を無償で返還するという条件が付けられています。買収価格の坪平均三円六六銭は、東京方面と比べても遜色のない額であり、すでに他社の線路が入っている状況で地元の交渉力が強かったことをうかがわせます。また第五条には「軌道線路敷設ノ為メ灌漑排水其他ニ支障ヲ生ジ農作物ノ収穫ヲ減少シタル場合ハ甲ニ於テ補償ノ責ニ任ジ、同時ニ（傍線部抹消）乙ノ指揮ニヨリソウトウナル除害工事ヲ施行スルモノトス」という条項があります。座間村と同様、海老名村では線路が相模川と並行する形で計画されており、相模川の水害時に川と線路に挟まれる地域の排水が悪化する懸念がなされた模様です。条文はそのような場合に当初小田急からの補償の約束が要求されましたが、その後、対策工事を小田急側が約束するという形で決着した流れを示しています。

相模厚木駅の駅前開発

海老名村を挟んで相模川の右岸に位置する厚木町は、沿線自治体のなかでも小田急線の誘致に最も協力的な自治体の一つでした。背景には明治以降の同地域が東海道沿線の県南部に比べ、発展から取り残されてきたという危機感があったものと思われます。厚木町は基本的に小田急線開業に一貫して協力し、その準備に町をあげて取り組んできました。開業時の状況について、『横浜貿易新報』（現在の『神奈川新聞』）では次のように報じています。「往昔京都より東北の往来として、（中略）久しく県下の中心地となっていた厚木地方は明治初年まで相当繁栄を見ていたが、東海道線鉄道の敷設と共に、沿岸地方に繁栄を奪われてあたら時代の推移をかこつことここに五十年であった。然るに今日は此の地方にとって如何なる好き日ぞ。（中略）茲に於て沿線地方は、交通も物品の移出入も極めて簡便となり、産業は振興すべく、遊園地田園都市の計画によって都人の出入多く、数多き古跡名勝を訪う者、或は多摩、相模、酒匂三川の鮎漁に、或は七沢鶴巻の温泉に、その発展繁栄の見るべきもの予想以上のものがあろう。（中略）厚木町は一年も前から之が開通に関する設備の建設に懸命になっていた。厚木上町遊園地は既に第一期が終り、ベンチや四阿屋など頗る清楚な感がする遊園地が出来上り、町商工会は連合大売出しを催し数百本の煙火を終日打ち揚げる等、未曾有の盛況を呈するであろう（中略）」[3]。同紙は小田急線開業を巡る紛争についても、一定数を報じてきた新聞ですが、厚木地域に関しては同紙からもそのような記事を確認することができず、地元の歓迎ムードを裏付けているように思われます。唯一の事例は愛甲石田駅が当時の愛甲郡南毛利村（現厚木市愛甲）と中郡成瀬村石田（伊勢原市石田）の境界上に設置された事例くらいでしょうが、この事例は当時の厚木町の外であり、また両村が駅の誘致合戦を繰り広げた結果、結局村の境界線上に駅を設置することで決着したもので、これが駅名に反映しています。

ところで小田急沿線地域で計画的な駅前街区設計が行われた事例は、これまで紹介してきた成城学園、玉川学園の学園都市、江ノ島線の林間都市、および戦後の新駅（新百合ヶ丘）などを除くと数少ないですが、厚木町に設置された相模厚木駅は開業当初から比較的積極的な駅前開発が地元によって行われた事例と言えます。相模厚木駅が開設された当初、南口の駅前は当時の厚木町長後藤宗七所有の水田でしたが、この畦道を拡巾して、東の平塚線（旭町大通り）に通じる道路が一本建設され、これが「小田急第一幹線」と名づけられました。さらにこの小田急一号線から分岐し、駅の東側を北方に向けて踏み切りを渡り、元町通りまでつなぐ道路も建設され、「第二幹線」と呼ばれ、この二線が相模厚木駅から町内主要幹線への接続道路となったそうです。一方北口は開業当初一面の水田で、道は畦道のみという状態でしたが、北口一帯の農地所有者であった町の有力者、中野再五郎（神中鉄道重役・厚木町助役）が自らの所有地を提供し、北口から巾四メートル、延長三六〇メートルの道路を全額自費の突貫工事で建設し、街灯まで設置しました。この道路は当初「中野通り」と名づけられ現在の一番街通りとなっています。[4]

厚木町ではその後も町主導で、駅周辺を住宅地として開発する努力を続けられます。当初は南口前面の水田が選出されましたが、所有者である町長後藤宗七の退職により、その計画が撤回され、その後、第二幹線寄りの八反田地区に町営住宅が建設され、商店の誘致を含め、街区の開発が進められたということです。[5] このように、旧土地所有者の努力によって、沿線では比較的街区整備の行き届いた駅前区画が形成されてゆきました。

小田急開業の在来交通への影響

神奈川県中部の交通の要衝であった厚木地方には、鉄道以外にもさまざまな交通機関が発達しました。それらの交通が鉄道の開通でどのような影響を受けたのかを意識しながら、少しまとめてみたいと思います。まずは橋です。江戸時代までの大山街道、矢倉沢往還には相模川を渡る際の橋がなく、渡し舟を用いることが一般的でした。この相模川には一九〇八年に厚木町と海老名村の協力によって相模橋が架けられました。その際、渡船権を保有していた溝呂木氏に対し、五〇〇〇円の権利売渡代金が支払われたと伝わっています。相模橋は一九一〇年の水害と一九二三年の関東大震災により破壊され、現在の相模大橋は一九五三年に建設された三代目にあたります[6]。

次は人力車・馬車です。明治時代になると、横浜方面から人力車が導入され、平塚方面への交通手段として発達してゆきました。また貨物用には馬車が導入され、やはり東海道線接続のため、平塚方面に荷が運ばれてゆきました。一八八二年には厚木村に、一人乗り人力車が三二台あったと記録が残っていますが、その後乗合自動車に押されて数を減らし、小田急開通時の一九二七年には一〇台、一九三五年頃には姿を消していたと伝わっています。馬車についても同様の道を辿ったようです[7]。

最後は乗り合い自動車です。一九一九年に本田綱次郎という人物が厚木町内で乗合自動車の合資会社を開業、厚木―平塚間で営業を開始したと記録されています。その後、続々と乗合自動車会社が設立され、平塚をはじめ、横浜・戸塚・藤沢方面にも路線を伸ばしました。関東大震災後にはこのなかの相模自動車が平塚・橋本・八王子に向けたバス路線を開設しました。第二次大戦中にこれら乗合自動車会社は統合され、藤沢自動車株式会社と東海道自動車株式会社の二社に統合されます。この二社も一九四四年に神奈川中央バス（現神奈川中央交通）に統合されました。タクシー会社も一九三六年頃には多数存在したそうですが戦時中に多くは廃業し、戦後は神奈川中央交通がタクシー部を作った他、一九五三年に北相交通株式会社が開業しました[8]。

海老名村の「厚木駅」と海老名国分駅の廃駅

海老名市域は路線が複雑に絡み合う地域にあるため、駅の移設がしばしば起こる地域となりました。まず小田急線開通当初造られた海老名村の中心駅は海老名国分駅でしたが、戦時中の一九四一年に神中鉄道が小田急線へ乗り入れ、相模厚木までの営業を開始しました。そのため合流地点に海老名駅を新設し、海老名国分駅を廃止する計画が浮上します。海老名国分付近の住民は反対しましたが、戦時期の強権により、一九四三年に新駅海老名駅の開業と、海老名国分駅の廃駅が強行されました。さらに戦後海老名駅は一九七二年に厚木方面に約二〇〇メートル移設されて現在の位置に至っています[9]。

次に現在の小田急線厚木駅は、対岸の本厚木駅との区別が紛らわしいうえ、相模川対岸の海老名市側にあるため、厚木を目指す旅行者を混乱させる元となっています。ただこの問題のきっかけは神中鉄道にあります。小田急線の厚木駅は、もともと海老名村内の字名を取って「河原口駅」と名づけられていました。一方同地近くに相模鉄道と神中鉄道の連絡駅として一九二六年に設立されたのが「厚木駅」です。神中鉄道が県央の中核都市厚木のブランドを意識し、当時の厚木町の了承を得て、「厚木の玄関口」の意味で厚木駅と命名したという経緯があります。この時点では小田急河原口駅と神中鉄道厚木駅との間には距離がありました。しかし一九四三年に相模鉄道が神中鉄道を買収し、一九四四年、相模線も国鉄に買収されます。そして国鉄は旧厚木駅ホームを小田急近くに変更して小田急との共同使用駅としたため、小田急側も駅名を国鉄側にあわせて「厚木駅」となったという、大変複雑な経緯があったわけです[10]。結局対岸の厚木市には

「厚木駅」という名称の駅を造ることは今日までできず、小田急線相模厚木駅は一九四四年に「本厚木駅」と名称を変更しました。駅名には「本来の厚木である」という厚木市側の複雑な思いがにじみ出ているような気がします。

重要産業であった川砂利採取

なお、余談になりますが、海老名村一村に二つの駅を設置したことや、この地域に三つもの路線の駅が集中することになった原因の一つは、「相模川の砂利」にありました。河川敷の砂利は当時鉄道・道路建設やコンクリート工事に欠かせない材料であり、鉄道網の拡大やコンクリート建築物の増加が進む国内において、多摩川、相模川等での砂利採取は明治・大正期の重要産業であったのです。特に一九二三年の関東大震災以降のコンクリート建築ラッシュは、砂利輸送事業のブームを引き起こし、河川沿岸の鉄道・駅設立ラッシュにつながったのです。南武線、西武是政線（現多摩川線）、玉川線（現東急田園都市線）、相模鉄道などは、もともとはみな砂利採取を目的として建設された鉄道でした。しかし戦後は砂利の過剰採取による川床低下などが問題となり、一九六四年に多摩川、相模川、荒川の砂利採取は全面禁止となったのです。(11)

［註］

(1)海老名市編『海老名市史8通史編近代・現代』（海老名市、二〇〇九年）二七二頁。

(2)海老名市編『海老名市史4資料編近代』（二〇〇二年）四〇五頁。

(3)厚木市史編さん委員会『厚木市史史料集（10）交通編』（一九七六年）一六四頁。

(4)鈴村茂編『厚木交通物語』（県央史談会厚木支部、一九七一年）九〇頁。

(5)鈴村茂『厚木の商人―厚木商業史』（神奈川情報社、一九八〇年）二五〇頁。

(6)鈴村茂編『厚木郷土史第二巻・現代編』（社会教育委員会、一九五四年）八六頁。

(7)前掲『厚木郷土史第二巻・現代編』九三頁。

(8)前掲『厚木郷土史第二巻・現代編』九四頁。

(9)生方良雄『小田急線の駅 今昔・昭和の面影』（JTBパブリッシング、二〇〇九年）一〇〇頁。生方良雄監修・鎌田達也『小田急線沿線の1世紀』（世界文化社、二〇〇九年）一〇〇頁。

(10)前掲『小田急線の駅 今昔・昭和の面影』一〇四頁。前掲『小田急線沿線の1世紀』一〇二頁。

(11)加藤一雄『小田急よもやま話 上』（多摩川新聞社、一九九三年）二八一～二八二頁。

第一一章　大山・丹沢の観光と小田急

大山阿夫利神社（絵葉書）。大山は古来、雨乞い山として民衆の信仰を集めた。小田急開業後は伊勢原駅からの参拝者で賑わうようになった。

伊勢原市・秦野市の沿革

小田急線で厚木の市街地を抜けると右手には丹沢山地の峰々が旅客の目を楽しませるようになります。今日丹沢山地は丹沢大山国定公園と神奈川県立丹沢大山自然公園として多くの登山愛好者に愛される観光資源となっており、小田急沿線の各駅はその登山口として活用されている一面があります。本章では小田急線開業と地元自治体が丹沢の観光化を意識しながらどのように活動したのかを中心に見てゆきたいと思います。お話としては現在の伊勢原市と秦野市の事例が中心となります。

小田急線伊勢原駅（と愛甲石田駅の一部）がある伊勢原市は、神奈川県のほぼ中央部に位置し、東を厚木市、西を秦野市、南を平塚市に囲まれる形になっています。平安時代から荘園が営まれ、鎌倉時代には糟屋氏、岡崎市、石田氏などの御家人を輩出しました。また室町時代には江戸城を建築したことで知られる太田道灌がこの地で没したことでも知られています。市の北西部にそびえる大山は古くから「雨乞いの山」として、農民を中心とする山岳信仰の対象となり、江戸時代には大山講による「大山詣で」が盛んになりました。これをきっかけとして大山に通じる道路が「大山道」の名で整備されてゆきました。現在の国道二四六号は大山道の一つである矢倉沢往還という道路に近い道筋を辿っています。現在の市域は、一八八九年の市町村制施行により成立した大住郡（一八九六年以降に中郡）伊勢原町、大山町、成瀬村、大田村、高部屋村、比々多村、岡崎村（の一部）からなっており、これら二町四村が戦後一九五四年に合併して今日の伊勢原市となりました。

次に秦野市ですが、現在市内には鶴巻温泉、東海大学前、秦野、渋沢の四駅が立地する自治体です。地名の由来は古墳時代にこの地域に住み着いた人々が、渡来人系の「秦氏」であったからという説があります。江戸時代には西部が小田原藩領、東部は幕府直轄の代官支配下にあり、明治時代に入ると足柄県を経て神奈川県に組み込まれ、一八八九年の市制町村制のもとで、秦野町、東秦野村、南秦野村（一九四〇年に南秦野町）、北秦野村、西秦野村、大根村、上秦野村の一町六村が形成されました。これら町村は当初、大住郡に属し、一八九六年からは中郡に属しました（上秦野村のみ足柄上郡）。戦後の一九五五年に上記町村が合併し秦野市と西秦野町（西秦野村と上秦野村）となり、一九六三年に両者が合併し、現在の秦野市域が形成されています。

秦野地域は地下水位が低く、水田にあまり適さない地域であり、また一七〇七年の富士山噴火により、一帯に火山灰が降り注いだことから、火山灰土壌に強い商品作物として、たばこの栽培が広く行われ、明治時代以降は国内有数の葉たばこ産地として知られました。現在ではたばこの生産は行われていませんが、その名残りは毎年九月に開催される「秦野たばこ祭り」に遺されています。

伊勢原駅建設を巡る動向

小田急線開業を巡る伊勢原市（当時は町）の対応を見てみましょう。伊勢原における小田急線開通に関する史料が確認されるのは一九二三年八月以降のことです。当時町長であった長塚浪蔵に対して、一九二五年五月五日付で小田急社員安東龍五が出した書簡が残されており、これによると小田急が伊勢原町において「線路用地買収に関する委員会」の設置を要求しています。文中には同委員会について「過般出張の際御願ひ申し上置し」と説明されていることから、小田急側がもう少し前の時期から町に対して用地買収の調整依頼を行っていたことがわかります[1]。用地買収交渉がまとまったのは一九二五年八月二四日であり、小田急用地主任石川辰造と伊勢原町加藤宗兵衛他五〇名との間に土地売買契約書が結ばれました。その主な内容は①用地売却は田地二三一七坪（坪当たり三円）、畑地九四五三坪（坪当たり一・二三円）、山林二九七坪（坪当たり一円）の計一万二〇六七坪とする。②桑の木の補償については一本当たり一〇・五円とする。ただし地権者側は桑の木を九月下旬までに移転すること。契約日以後植えつけられたものに対しては補償しない。③契約日から所有権移転までの期間に小田急が土地の使用をすることを地権者は認める、というものでした[2]。

契約成立後、建設工事が着工され、地元農家も農閑期を利用して日雇い労働に出たといいます。当時の作業手間賃は一日一円八〇銭であり、農家にとっては魅力的な現金収入であったと思われます。ただし現在の伊勢原駅周辺は一面の畑地であったため、線路工事には盛土が必要でした。特に伊勢原地区の東大竹の台地（東大竹跨線橋付近）と、池端の台地（池端駒形橋付近）の開削には困難が多く、伊勢原駅から鈴川地区までの線路工事の土砂運搬作業中に、土砂の崩落事故が発生し、労働者数名が死亡するという悲劇もありました[3]。

大秦野駅誕生の顛末

次に現在の秦野駅ですが、当時は大秦野駅と名づけられました。大正期まで、秦野の人々が都心に向かうには、旧大山街道を徒歩か人力車等で東上するか、軽便鉄道・乗合自動車等で二宮まで南下し、東海道線に乗り換える必要がありました[4]。そのため厚木町などと同様に秦野地域でも東京方面に直通する小田急線計画は歓迎されました。計画が浮上すると、秦野地域でも路線や駅の誘致を巡って、地元の運動が活発化します。たとえば大根村では村内の北矢名地区と落幡地区とで誘致合戦が展開し、結局北矢名地区に大根駅（現東海大学前駅）が、落幡地区に鶴巻駅

（現鶴巻温泉駅）がそれぞれ設置されることとなりました。[5]また西秦野村では当時村内で小学校建設を巡り、三年間にわたる政争が続いていましたが、駅設置問題を前に一致団結し、敷地一・五町歩の寄付をまとめあげ、渋沢駅の設置を勝ち取りました。[6]

しかし地域の中心である秦野町では話がもつれました。秦野町でも一九二三年六月二四日付で、町内に停車所の設置を要望し、敷地として三〇〇〇坪を寄付することが町議会で決議されました。[7]しかしその後、町内における駅設置場所を巡り町内の意見が対立した結果、当時の安藤蓁太郎町長が停車場位置について会社に再調査を求める決議を採決し、事実上立地場所を白紙に戻してしまった結果、町内の議論が長引いてしまいました。[8]この秦野町の騒動を見た、隣接する南秦野村では秦野町に替わって駅を誘致する動きが活発化し、結局小田急は南秦野村尾尻竹の下地区に大秦野駅を設置することを決定してしまったのでした。[9]現在の秦野駅が秦野町の旧市街から見て水無川を挟んだ対岸に位置するのは、このような事情によるものです。

その他にも駅誘致に失敗した村がありました。上秦野村では一九二五年一二月一一日付で、菖蒲字竪石地区に村共有原野一〇三坪を会社に売り渡す決議を行い、駅の誘致を求めますが、実現しませんでした。[10]これは隣接する西秦野村の迅速な対応に遅れを取ったことが原因だったかもしれません。村内の対立を乗り越えて団結して駅設置を実現した自治体もあれば、団結できずに決断が遅れ、駅を造れなかった自治体、さらに村内で激しく誘致を争った結果二つの駅の設置を勝ち取った自治体など、秦野地域を巡る駅誘致の事情はさまざまな事例を提供してくれます。

大山の観光開発と鋼索鉄道

伊勢原町の住民が、駅の設置により期待したのは、もちろん地元住民の利便性向上もあったでしょうが、それ以上に同駅が大山参詣客の玄関口となることによる、経済的効果を期待してのことであったと思われます。そしてその期待は実現することになります。小田急も大山と日向薬師を「沿線第一の名勝地」と宣伝し、パンフレットに登山口として伊勢原駅を推奨しました。地域住民と小田急側の利害の一致もあり、伊勢原駅は大山参詣の玄関口としての地位を固めてゆきました。開業前に伊勢原駅があった付近は一面に畑の広がる田園であったといいますが、小田急線開業後、駅前に老舗の旅館が支店を出したことを皮切りに、多くの商店が立ち並ぶようになり、駅北口を中心に駅前商店街が形成されていきました[11]。

また当時大山寺・大山阿夫利神社の門前町である大山町（一九五四年に伊勢原町に合併）でも、小田急線開業と軌を一にして同地の観光活性化のために動き始めました。一九二六年には参詣客のための鋼索鉄道（ケーブルカー）の開発が構想されます。名勝とはいえ、険しい山道からなる大山登山を索道建設により簡易化し、同地の観光地化を一層進めようとするものでした。鋼索鉄道建設を巡る計画は過熱し、神奈川県に対して四通もの免許申請が出される事態となりましたが、県は調査の結果、一九二七年、佐藤潤象他一三名による大山鋼索鉄道株式会社に対して免許公布すべきことを鉄道省に対して進達し、同年九月二二日に免許が公布されました。同社が選択された理由としては、発起人中に当時の大山町長や阿夫利神社の社司等の地元有力者が加入していたことから「事業経営及工事施工上ニ於テ最モ円満ニ遂行シ得ル」ものと判断されたためであったとされています[12]。

その後一九三七年になると、大山が県立公園に指定される構想が浮上し、地元大山町では県立公園化を推進する協議会、県立公園大山観光振興会が発足しました。振興会には大山町関係者の他、伊勢原・秦野のバス事業者、大山鋼索鉄道、そして小田急の代表者も出席し、地域をあげた大山の観光地化を推進するための組織作りが進められてゆきました[13]。結局県立公園化は戦前には実現せず、戦後一九六〇年に神奈川県立丹沢大山自然公園の指定がなされることになります。その後一九六五年に同公園の中心部が丹沢大山国定公園に指定され、全国的な知名度を向上させてゆくことになりました。

鶴巻温泉の開発

先ほど大根村に鶴巻駅と大根駅という二つの駅が設置されたというお話をしましたが、これは地元住民の誘致活動努力が実ったということに加え、小田急側の観光開発への意欲という二つの側面がありました。鶴巻駅付近には現在の駅名からもわかるように温泉が湧き出していたのです。鶴巻温泉の発祥は一九一四年、住民が井戸を掘ったところ二五度前後の温泉とカルシウムを含有した地下水が湧き出したことにあります。ここで一九一八年に平塚園（現陣屋）という温泉旅館が大山参拝客などを相手に開業しましたが、一九二三年に関東大震災により被害を受け、休業している状態でした[14]。

小田急は沿線にあるこの温泉に注目し、地元の要望を容れる形で駅を建設し、住宅、別荘までを含めた観光地開発を進めようとしました。これに対して地元大根村落幡地区住民も積極的に応え、駅用地として地元住民三二名が計三二七五円の寄付を集め、駅の設置に協力したことが記録されています[15]。

一九二七年の小田原線開業と同時に、小田急社長の利光鶴松の名を取った割烹旅館「光鶴園」が開業しました。社長の名を付したところに、小田急側の熱意が感じられます。一九三〇年には駅名が「鶴巻温泉」と改称されました。また小田急は沿線不動産事業の一環として同温泉一帯五万坪（約一六万五〇〇〇平方メートル）を買収・賃貸し、温泉旅館や別荘地の誘致を図りました[16]。その後、「鶴巻温泉」の駅名は戦時中の一九四四年に「鶴巻」に戻されますが、戦後一九五八年に再び「鶴巻温泉」に戻り、今日に至っています。

鶴巻温泉付近の温泉旅館は、戦後の経済成長のなかで一時は一〇件を超えましたが、一九七〇年代以降は徐々に減少し、数件の営業を残すのみとなりました。平塚園は陣屋と名称を変え、高級温泉旅館として営業を続けています。

［註］

(1)伊勢原市史編集委員会編『伊勢原市史　資料編近現代2』（伊勢原市、二〇〇九年）四〇三頁。
(2)前掲『伊勢原市史　資料編近現代2』四〇四～四〇五頁。
(3)大原町郷土誌編集委員会『大原町郷土誌　温故知新』（大原町郷土史研究会、二〇〇七年）五六頁。
(4)秦野市教育研究所『秦野の近代交通』（秦野市教育研究所、二〇〇〇年）二二頁。
(5)前掲『秦野の近代交通』二四～二五頁。
(6)前掲『秦野の近代交通』二七頁。

(7)前掲『秦野の近代交通』二五頁。
(8)櫛田和幸「小田急大秦野駅設置に関する新聞記事」(『秦野市史研究九号』一九八九年所収)。
(9)秦野市『秦野市史　通史3　近代』(秦野市、一九九二年)四八六頁。
(10)前掲『秦野の近代交通』二七頁。
(11)伊勢原市史編集委員会編『伊勢原市史　別編民俗』(伊勢原市、一九九七年)二六三頁。
(12)前掲『伊勢原市史　資料編近現代2』四一二~四一三頁。
(13)前掲『伊勢原市史　資料編近現代2』四二一~四二五頁。
(14)前掲『秦野市史　通史3　近代』四八八頁。
(15)柘山寿郎『鶴巻温泉の歴史―創始者利光鶴松翁を偲んで―』(近代文芸社、一九八八年)八二頁。
(16)前掲『鶴巻温泉の歴史―創始者利光鶴松翁を偲んで―』八〇頁。

第一二章　小田原・箱根の観光と交通

富士屋ホテル（絵葉書）。近代箱根の開発を代表するクラシックホテル。道路整備、水力発電、バス会社経営など、様々な形で箱根の近代化に貢献した。

小田原・箱根の沿革

秦野市・松田町を過ぎると、小田急線は酒匂川橋梁を越えて足柄平野に入ります。線路は開成町で急カーブし、小田原市街に向かって南下してゆくことになります。小田急線開業当初、小田原線の終点は小田原駅でした。しかし現在では特急ロマンスカーをはじめ、箱根湯本まで路線が延伸しており、そこから箱根登山鉄道やバスを利用して箱根におけるさまざまな観光地に足を延ばすことができます。この最後の章では、小田原・箱根の観光開発と小田急線の関係を述べ、現在小田急の子会社となっている箱根登山鉄道の歴史についてもお話したいと思います。

小田原市は神奈川県南西部、足柄平野の南部に位置しており、戦国時代には後北条氏が本拠地を置き、また江戸時代には江戸の西の守りを固める小田原藩が置かれる東海道上の重要拠点でした。明治維新当初は小田原県、足柄県の中心都市と位置づけられますが、一八七六年に神奈川県に編入されることで県の中心地としての地位を失ってしまいます。その後も横浜を中心とする県東部の都市の発展からやや取り残されていくのではないかという危機感が、小田原地方の有力者によるさまざまな取り組みの原動力となってゆきました[1]。自治体としては一八八九年に小田原町として発足したのち、一九四〇年に足柄町・大窪村・早川村・酒匂村の一部を合併して市制を施行し、その後も周辺町村の合併を続けながら今日に至っています。一方箱根町ですが、同地は天平時代から知られていたという記録もある古い温泉地です。江戸時代に東海道の関所として箱根関所が設置され、小田原宿と三島宿の中間地点に箱根宿が新設されるなど、東海道の要所として発展してゆきました。それとともに東海道沿いの村々が湯治場として発展し、湯本、塔之沢、底倉、宮之下、堂ヶ島、木賀、芦之湯が箱根七湯と呼ばれるようになりました。明治以降は小田原同様、小田原県、足柄県に属し、一八七六年に神奈川県に編入されます。一八八九年の市町村制では、箱根駅、湯本村、温泉村、宮城野村、仙石原村、元箱根村、芦之湯村の一駅六ヵ村で出発し、その後箱根と湯本が町制を敷き、一九五六年に上記地域が最終的に合併して箱根町となりました[2]。また同地の温泉地としての発展に伴い温泉の開発が進んだ結果、現在では箱根二十湯と呼ばれる大温泉地帯となっています[3]。

東海道線開通と小田原馬車鉄道の開業

本書の主役はあくまで小田急線であるわけですが、小田原の交通を語る場合、小田急線を語る以前に官営の東海道鉄道の話をする必要があります。一八七二年に新橋－横浜間で開業した官営鉄道は、その後一八八七年に国府津まで延伸してきました。しかしその後は鉄道によって箱根の急峻を越えることが技術的に困難視された結果、山北・御殿場を通過して沼津に至るルート（現在の御殿場線）が採用されることになりました。小田原・箱根では、鉄道の小田原通過を嘆願してきましたが容れられず、一九三四年の丹那トンネル開通まで、小田原は東海道線から回避される土地となってしまいました。鉄道回避による地域の衰退を懸念した吉田義方ら、小田原の有力商人たちは、国府津―小田原―湯本を結ぶ馬車鉄道を計画し、小田原馬車鉄道株式会社を設立しました。これが現在の箱根登山鉄道の前身です[(4)]。営業運転の開始は一八八八年一〇月から開始され、国府津―小田原間、小田原―湯本間をそれぞれ四〇分で運行しました[(5)]。馬車鉄道の開業は、当時すでに普及していた人力車や乗合馬車の営業に悪影響を与えたことから、置き石や投石などの営業妨害を一時期受けることになりましたが、摩擦を乗り越え、徐々に地域に定着してゆきました。

しかし馬車鉄道は馬の糞による苦情の他、馬の伝染病や飼料代の負担、蹄による線路の損傷などの要因によってなかなか経営が軌道に乗りませんでした。経営難に悩んだ当時の田島正勝社長は、一八九〇年五月に上野公園で開催された第三回内国勧業博覧会で展示されたアメリカ製電車を観て、馬車鉄道の電化を構想し、同年の株主総会で電気鉄道化を提案します[(6)]。この提案は否決されますが、田島社長らは諦めず、東京電灯株式会社技師長、藤岡市助博士の指導を受け研究を重ねた結果、一九〇〇年、湯本に水力発電所を建設し、同年三月二一日から国府津―湯本間全線で電車運転が開始されました。電化に伴い社名も一八九六年に「小田原電気鉄道株式会社」に変更されました。これは日本で四番目の電車運行になるそうです。[7] なお、馬車鉄道、電車の当時の線路は現在のルートとは異なり、早川の右岸を回り込むようなルートを通り、現在「河鹿荘」のある付近に駅が置かれていました。当時の電車は後進ができなかったため、湯本駅で一回転するような軌道で方向転換したと言われています。[8]

箱根の道路開発と富士屋ホテル

講義で箱根に関する話を学生としますと、「なぜ数ある観光地のなかで箱根のブランド価値は高いのでしょう?」という主旨の質問をよく受けます。その回答の一つは、箱根が近代の開国と同時に、外国人向け観光客の誘致、今日でいうインバウンドを重視してきたことがあげられると思います。明治時代に外国人観光客の受け入れをするためには、当時日本に存在しなかったさまざまな設備をそろえる必要がありました。道路、電力、ホテル、そして鉄道・自動車などです。箱根の人々は早くからこうした近代的なインフラの導入を全国に先駆けて進めてきました。

箱根における交通インフラの整備の重要性を提唱した人物として有名なのが、幕末・明治の啓蒙学者、福沢諭吉です。一八七〇年、塔ノ沢の旅館に湯治で訪れていた福沢は湯本―塔ノ沢間の道路の悪さに憤慨したのか、地元新聞に道路整備の重要性を説く文章を投稿します。道路が整備されれば箱根がより発展することを訴え、今すぐ新道を建設するならば、十両の大金を寄付することを宣言したのです[9]。これを受ける形で以後箱根では道路整備に向けての動きが活発化します。最も有名なものとしては湯本の福住旅館の福住正兄による有料道路建設です。福住は福沢とも親交のあった人物ですが、板橋村（小田原市）から湯本村山崎（箱根町）までの東海道約四・一キロメートルを拡幅・付け替えし、それまで徒歩での移動が想定されていた街道を、人力車や馬車の安全な運行が可能な道幅と傾斜を持つ道に作り変えてゆきました。工事費は開通後五年間道路を利用する人力車から、通行料を取って償却する計画で建設されました。現在でいうところの有料道路の発想です。福住はその後の小田原馬車鉄道の開業にも貢献し、箱根―小田原間の交通近代化に貢献してゆくことになります[10]。

また箱根の近代化を語るうえでもう一つ無視できないのが、今日でもクラシックホテルとして有名な富士屋ホテルです。創業者は幕末にアメリカに渡り、帰国後福沢の門人となった山口仙之助です。福沢から学問から実業への転身を進められた山口は、宮ノ下の旅館「藤屋」を買収し、一八七八年七月に富士屋ホテルを創業しました。同ホテルの特徴は、山口の滞米経験を活かして外国人専門ホテルとして営業を開始した点にあります。当時外国人の国内移動は制限されていましたが、一九七七年に外務省が健康回復目的の外国人に箱根七湯と熱海への外国人滞在許可を出したことが、ビジネスチャンスとなりました。外国人専門ホテルとなると、食事として提供するパンや肉などを横浜から輸送する必要が生じます。そのため山口は地元有志と協力し、塔ノ沢－宮ノ下間の道路を、やはり有料道路方式で一八八七年に完成させました[11]。

また少し後のことになりますが、後に三代目社長となる山口正造は、時間に厳格な外国人客に対して正確な送迎を行うために、送迎用の自動車の必要を感じた結果、一九一四年一月に富士屋自働車株式会社を設立し、国府津－宮ノ下間の送迎のみならず、横浜－宮ノ下間の営業を開始しました。その後富士屋自働車はさらに営業を拡大し、同業の貸自動車会社のみならず、小田原電気鉄道にとっても脅威となる存在に成長してゆきました[12]。

箱根登山鉄道の建設と強羅園

小田原馬車鉄道の電化成功は箱根にも衝撃をもって受け止められたようで、電車営業開始の同年一九〇〇年に温泉村（現在の大平台、宮ノ下付近）議会では電気鉄道の延長を求める内容の決議を行いました。小田原電気鉄道でも箱根方面への延伸の希望がありましたので、これを前向きに受け止め、スイスの登山鉄道の研究を開始し、一九一〇年に湯本－強羅間の路線延長願いを政府に提出し、翌一九一一年、軽便鉄道法に基づき許可されました。建設工事は一九一二年に開始されましたが、想像を超える難工事であったことや、第一次世界大戦による資材難の影響で長引き、運行が開始されたのは一九一九年六月一日のことでした[13]。

長い年月と莫大な工事費を要した登山鉄道の建設費用を回収するために、沿線住民の移動と、既存の観光資源への来客を待つだけの経営に無理があることは明らかでした。小田原電気鉄道では登山鉄道の工事と並行する形で、終点地である強羅の観光開発を進めました。そもそも強羅はすでに完成していた温泉地ではなく、一八八八年に宮城野村の村有地を東京日本橋の平松甚四郎という人物が購入し、早雲山の自然湧泉を引き湯して温泉地としての開発が始められた地域でした。その後何名かの所有者が開発に挑んだものの、開発が頓挫していたところを一九一一年に小田原電気鉄道が権利一切を買い取って温泉別荘地としての開発を始めたのです[14]。強羅駅前には一九一〇年の日英博覧会で日本庭園を造り、好評を博した造園家、一色七五郎によるフランス式庭園、強羅公園が建設され、これを囲むような形で別荘地の分譲が計画されました。強羅公園は登山線の完成に先立つ一九一四年に完成し、別荘地の分譲も実施されました[15]。さらに登山線の湯本―強羅間が開業すると、同社は分譲した別荘地の移動手段として、下強羅（現強羅）―上強羅（早雲山）間のケーブルカーの敷設工事に着手し、一九二一年一二月一日から営業を開始しました。[16]

しかし登山鉄道を開業させた小田原電気鉄道の経営は順調とは言えませんでした。一つは登山線の開通と同日の一九一九年六月一日、同時に富士屋自働車が国府津－箱根町間で乗合自動車（バス）の営業を開始したこと[17]、さらに翌一九二〇年に東海道線の支線が国府津－小田原間で開業し、小田原電気鉄道は同区間の営業を停止せざるを得なかったことなど、競合相手が多数発生したことも関係しています[18]。さらに関東大震災により登山鉄道が大きな被害を受けるなどの悪条件もあり、小田原電気鉄道は、その後一九二八年に日本電力に合併された後、収益性の高い電力部門を分離され、同年、箱根登山鉄道株式会社という名称で再出発することになりました。こうした箱根登山鉄道の苦境を救う形になったのが、小田原急行鉄道、すなわち小田急の開業です。

小田急線開業と小田原・箱根

一九二七年の小田急小田原線の開業は、経営不振に苦しむ箱根登山鉄道にとってもチャンスとなりました。一九三〇年に箱根登山鉄道は小田急と小田原駅での連絡について協定を結びます。さらに一九三五年には一〇月一日より小田原－強羅間の直通電車が二両連結で運転開始されました。この直通電車の運行には技術的な難関が二つありました。一つはレールの幅（ゲージ）の問題で、同じ箱根登山鉄道の列車でも、国府津―湯本間の路面電車は狭軌、湯本―強羅間の登山電車は国際標準軌（広軌）とレールの幅が異なっていました。しかし同社では将来の直通運転を見越して、関東大震災後の復旧工事のなかで小田原―湯本間の幅を、登山電車と同一の幅に揃える工事を実施していました。これによって乗客の湯本での乗り換えが不要となった結果、小田原―強羅間の運行が二〇分以上短縮される効果を持ちました。もう一つは二両編成化です。それまでの登山鉄道は一両編成でしたが、連結器の改良によって二両編成での運行が可能になりました。これによって箱根登山鉄道の輸送力は向上し、以後の業績は改善に向かってゆきました[19]。

その後戦時下に入った一九四二年、政府による私鉄統合の流れのなかで、箱根登山鉄道は小田急とともに東急電鉄傘下に組み込まれます。さらに戦局が悪化した一九四四年になると強羅―早雲山間のケーブルカーは政府の指示で撤去され、一九五〇年まで運行を停止することになりました。戦後になるとこの強制統合は解除される形となり、一九四八年六月に小田急電鉄は東急から分離独立しますが、この際箱根登山鉄道を自社傘下に組み込む形となります。そして一九五〇年八月一日からは、今度は小田急車両による箱根湯本駅乗り入れが実現します。この際にも先の箱根登山鉄道の時と同様、ゲージの問題がありました。小田急線は狭軌でしたから、広軌の箱根登山鉄道の線路の間にもう一本レールを敷くことで車両を改変することなく小田急車両の通行が可能になりました。また両線の間では電圧も異なっていたのですが、これは箱根登山鉄道の車両に複電圧転換器を取り付けることで技術的に解決されました。こうして新宿からの小田急特急電車が箱根湯本まで直通運転可能となる、現在の形が完成することになったのです[20]。

戦後の箱根山開発競争

戦後の箱根は日本の高度経済成長と、レジャーブームのなかでますます発展してゆきましたが、当時の非常に有名なエピソードとして、「箱根山戦争」と呼ばれた事件があります。これまでお話してきましたように、箱根登山鉄道と小田急電鉄は、小田原・湯本方面から箱根山の山頂方面に向けて「ふもとから」開発を進めてゆきましたが、山頂の芦ノ湖周辺の開発にいち早く着手していたのが、西武グループを率いる堤康次郎でした。堤は大正後期以降、芦ノ湖近辺で別荘地の分譲などを中心とした観光開発を行っており、交通についても熱海峠から箱根峠の間と、小涌谷から湖尻を経由して元箱根に至る有料道路を運営し、系列下の駿豆鉄道（現伊豆急）の路線バスを運行していました。しかし、東京へ直通する交通機関を持たなかった駿豆鉄道では、小田原に路線バスを乗り入れさせ、観光の拠点とすべく、一九四七年九月に小田原から小涌谷までの路線バスの運行免許申請を行いました。この区域は小田急系列の箱根登山バスの営業エリアでもあったことから、同社は当然反発しますが、一九五〇年三月に両社の協定により、駿豆鉄道は途中停留所と運行回数の制限を、登山バスは一年ごとの有料道路利用契約の更新をそれぞれ条件としたうえで、小田原への駿豆鉄道バスの乗り入れと、登山バスの芦ノ湖乗り入れを相互に認める形で妥結しました。

しかし次に、小田急と箱根登山バスが、それまで駿豆鉄道箱根遊船株式会社（以下箱根遊船）が独占して運航していた芦ノ湖の湖上交通への進出を図ります。一九五〇年三月に、西武の影響力の小さい箱根町の有力者と共同で箱根観光船株式会社を設立しました。当初は小型遊覧船のみの小規模な事業形態でしたが、一九五四年には芦ノ湖一周航路の免許を取得し、一九五六年には大型船を就航させ、箱根遊船との競争が激化しました。これに反発した駿豆鉄道側では、事実上の報復として、一九五六年六月に有料道路通行契約が満了するとともに契約を破棄し、以後の登山バスの通行を拒否する構えを見せました。他社のバス通行を実力で阻止するという過激な事態は、調停に入った神奈川県を巻き込み、数多くの訴訟に発展する騒動へと拡大しました。

騒動は長引きますが、その間有料道路使用を禁じられた小田急が導入したのが、一九五九年に開通し、西武の道路の頭上を越える箱根ロープウェイでした。これによって小田急グループのみで、湯本から芦ノ湖北岸へ到達できるようになったのです。最終的には調停に入った神奈川県が、

酒匂橋を渡る小田原電気鉄道（絵葉書）。箱根登山鉄道の前身である小田原電気鉄道は、当初、国府津－湯本間を運行していた。路面電車であるため、専用の鉄橋ではなく、橋の上を歩行者と共に渡っていた。

西武側の有料道路を一九六一年に買い上げ、一般道路として開放したことで、紛争は収束に向かいました。[21] その後も小田原駅での観光客の呼び込みや箱根地区でのターミナルの違いなど、競合の構図は残りましたが、バブル経済の崩壊後は両社が箱根観光の再振興に共同歩調を取る方向へと向かいます。二〇〇四年度には、小田急グループと西武グループとの協力体制構築が発表されたことを受け、伊豆箱根鉄道バスとは共同歩調をとることになり、停留所名の統一などが行われました。さらに、二〇一〇年六月からは、伊豆箱根バス・小田急箱根高速バス・沼津登山東海バスが連携し、箱根地区の路線に系統記号を設定し、路線図も各社共通の様式で作成するようになり、今日に至っています。

［註］

(1)小田原市立図書館編『小田原市史ダイジェスト版 おだわらの歴史』（二〇〇七年）一三六～一三七頁。
(2)箱根温泉旅館協同組合編『箱根温泉史―七湯から十九湯へ―』（ぎょうせい、一九八六年）巻末年表。
(3)平野富雄『箱根二十湯―やさしい温泉入門』（神奈川新聞社、一九九四年）六七～六九頁。
(4)前掲『小田原市史ダイジェスト版 おだわらの歴史』一四九頁。
(5)加藤利之『箱根山の近代交通』（神奈川新聞社、一九九五年）四一～四二頁。
(6)前掲『箱根山の近代交通』四六～四九頁。
(7)前掲『箱根山の近代交通』四九～五五頁。
(8)小田原市お年寄りの生活体験聞き取り調査会『聞き語りおだわら　ふるさとの記憶』（一九九七年）一〇二頁。
(9)前掲『箱根山の近代交通』一八～二一頁。
(10)前掲『箱根山の近代交通』一一～一八頁。
(11)前掲『箱根山の近代交通』七二～七五頁。
(12)前掲『箱根山の近代交通』一一二頁～一一五頁。
(13)前掲『箱根山の近代交通』八八～一〇二頁。

(14)前掲『箱根温泉史』一一五頁。
(15)前掲『箱根山の近代交通』一〇三～一〇四頁。
(16)前掲『箱根山の近代交通』一〇六頁。
(17)前掲『箱根山の近代交通』一一八頁。
(18)前掲『箱根山の近代交通』一〇五頁。
(19)前掲『箱根山の近代交通』一六四～一六六頁。
(20)前掲『箱根山の近代交通』一七二～一七七頁。
(21)前掲『箱根山の近代交通』一七九～二〇九頁。

あとがき

本書は筆者が勤務校である専修大学経済学部の講義「現代日本経済史Ⅰ」のために作成した講義ノートをまとめたものである。近現代の農業・土地関連の経済史を専ら研究していた筆者が小田急沿線に関心を持つに至ったきっかけは、二つある。一つは入職時の面接において、泉武夫教授（現名誉教授）から、現在の進めている研究以外に将来手がけてみたい分野があるかと問われ、「今後、学校沿線の地域開発についても研究してみたい」と回答し、「ぜひそうしてください」と励まされたこと。またその数年後、原田博夫教授より『小田急沿線新聞』（現在は廃刊）に沿線地域のコラムを書かないかと誘われたことである。前後に勤務校最寄り駅の駅名であった向ヶ丘遊園が閉園となり、前後して駅前のモノレールも運行停止になるという変化があり（今となっては残念ながら双方とも一度も体験することがなかった）、急速に歴史となりつつある職場地域の風景に関心を深めていったのだった。

調査を始めてみると、小田急電鉄および沿線地域の歴史については、研究者のみならず、郷土史家、愛好家の手による記録が数多く残されていた。また調査を進めるうちに、従来から関心のあった土地問題、都市と農村の問題の他にも、エネルギー（電力）、軍事、資源（砂利）、観光・

レジャー等々、取り上げるべきトピックが次々と浮上することによって、私自身、小田急沿線の世界に惹き込まれていくことになった。講義では、日本経済史という学問分野を、より学生に身近に感じてもらうために、学校沿線地域の歴史を絡めながら、ノートを組み立てていった。さらに編年体で時系列に沿った講義をするのではなく、新宿から箱根という、始発から終点に向かって話を進めるというスタイルも講義準備のなかで練り上げていったものである。

参照文献に関しては可能な限り脚注を付したが、社史である小田急電鉄『小田急五十年史』に加え、小田急に関する著作を多数刊行されている生方良雄氏の『小田急の駅 今昔・昭和の面影』をはじめとする諸著作、加藤一雄氏の『小田急よもやま話』上下巻、そして加藤利之氏の『箱根山の近代交通』には、特に多くを依っていることを改めて記させていただきたい。また調査にあたり、専修大学図書館の他、国立国会図書館、新宿区立中央図書館、渋谷区立中央図書館、世田谷区立郷土資料館、世田谷区立梅丘図書館、世田谷区立経堂図書館、狛江市立図書館、川崎市立多摩図書館、川崎市立麻生図書館、町田市立図書館、町田市立自由民権資料館、座間市立図書館、厚木市中央図書館、伊勢原市立図書館、秦野市立図書館、小田原市立図書館、箱根町立郷土資料館図書室の各施設からご協力を賜ったことを明記し、御礼を申し上げたい。

本書の出版を提案してくださったクロスカルチャー出版の川角功成氏には深く感謝したい。氏の応援がなければ、このようなささやかな小冊子でも完成にこぎつけることはできなかっただろう。また著作中に掲載した絵葉書等の画像資料は、ネットオークションで入手したものである。取引方法に疎い私に代わって史料入手に協力してくれた妻佳織と、表紙・沿線図のデザイン・カットを引き受けてくれた弟智明・友加夫妻にも感謝したい。

二〇一六年一月六日

永江雅和

●関連年表

一九一〇（明治四三）年一〇月一日　鬼怒川水力電気株式会社設立
一九二二（大正一一）年五月二九日　東京高速鉄道新宿―小田原間敷設免許
一九二三（大正一二）年五月一日　小田原急行鉄道株式会社設立
一九二七（昭和二）年四月一日　小田原線（新宿―小田原）営業開始（一部単線）、向ヶ丘遊園地開園
一九二七（昭和二）年五月二七日　狛江駅開設
一九二七（昭和二）年七月二八日　新座間駅開設
一九二八（昭和三）年九月八日　林間都市耕地整理施工認可
一九二九（昭和四）年四月一日　江ノ島線（大野―片瀬江ノ島）営業開始
一九二九（昭和四）年四月一日　玉川学園駅開設
一九三一（昭和六）年五月一日　中央林間都市の土地販売開始
一九三四（昭和九）年四月一日　梅ヶ丘駅開設
一九三八（昭和一三）年三月一日　相模原駅（現・小田急相模原駅）開設
一九三八（昭和一三）年四月一日　通信学校駅（現・相模大野駅）開設
一九四〇（昭和十五）年五月一日　帝都電鉄を合併
一九四一（昭和十六）年三月一日　小田急電鉄株式会社に改称
一九四二（昭和十七）年五月一日　東京横浜電鉄に合併、東京急行電鉄に改称
一九四三（昭和一八）年四月一日　海老名駅旅客営業開始・海老名国分駅廃止
一九四六（昭和二一）年五月三一日　山谷駅廃止
一九四八（昭和二三）年六月一日　東急との合併を解消し、小田急電鉄株式会社発足　箱根登山鉄道・神奈川中央乗合自動車を関係会社にする
一九五〇（昭和二五）年三月一〇日　箱根観光船株式会社設立
一九五〇（昭和二五）年八月一日　新宿―箱根湯本間直通運転開始
一九五二（昭和二七）年四月一日　蛍田駅開設
一九五二（昭和二七）年七月一日　向ヶ丘遊園地を有料遊園地として開業・同年向ヶ丘遊園に改称
一九五四（昭和二九）年九月一〇日　立川バスを関係会社に加える

一九五五（昭和三〇）年一〇月一日　国鉄御殿場線（松田―御殿場）乗り入れ開始
一九五六（昭和三一）年三月一〇日　駿豆鉄道　箱根登山鉄道に小涌谷―湖尻間の乗り入れ運輸協定の廃棄を通告
一九五七（昭和三二）年二月十二日　大山観光電鉄を関係会社に加える
一九五九（昭和三四）年四月二日　箱根ロープウェイ株式会社設立
一九六〇（昭和三五）年三月二五日　百合ヶ丘駅開設
一九六一（昭和三六）年十一月二日　箱根ハイランドホテルを関係会社に加える
一九六二（昭和三七）年十一月三日　小田急百貨店営業開始
一九六四（昭和三九）年一〇月二六日　新宿西口広場・駐車場起工式
一九六五（昭和四〇）年十一月七日　向ヶ丘遊園屋内スケート場開場
一九六六（昭和四一）年四月二三日　向ヶ丘遊園モノレール線営業開始
一九六七（昭和四二）年一一月二三日　小田急百貨店本館全館営業開始
一九六八（昭和四三）年一二月二日　箱根問題終結　関係各社間協調協定締結
一九七四（昭和四九）年六月一日　多摩線開通　新百合ヶ丘駅他四駅新設
一九七六（昭和五一）年九月二一日　町田駅ビル完成　二三日より町田小田急百貨店営業開始
一九八〇（昭和五五）年九月十五日　ホテル小田急　ホテルセンチュリー・ハイアット営業開始
一九八四（昭和五九）年三月二一日　全線の荷貨物営業廃止
一九八五（昭和六〇）年三月一四日　開成駅開設
一九九〇（平成二）年三月二七日　唐木田駅開設
一九九一（平成三）年三月一六日　御殿場線直通特急JR東海との相互乗り入れ開始
一九九五（平成七）年三月二六日　喜多見―和泉多摩川間高架化
一九九七（平成九）年六月二三日　喜多見―和泉多摩川間複々線化
一九九八（平成一〇）年三月二〇日　新宿サザンテラス完成
二〇〇一（平成一三）年二月一日　向ヶ丘遊園モノレール廃止
二〇〇二（平成一四）年三月三一日　向ヶ丘遊園閉園
二〇〇二（平成一四）年六月　成城学園前駅上下線地下化完了
二〇一三（平成二五）年三月　東北沢―世田谷代田間地下化
二〇〇四（平成一六）年一二月一一日　はるひ野駅開設
小田急電鉄株式会社『小田急五十年史』、生方良雄『小田急の駅 今昔・昭和の面影』より作成。

【参考文献】

（鉄道史・小田急史全般に関わるもの）

青木栄一「小田急と沿線の開発―住宅地化と観光開発を巡って―」（『鉄道ピクトリアル』）
生方良雄『小田急の駅今昔・昭和の面影』（ＪＴＢパブリッシング、二〇〇九年）
生方良雄監修・鎌田達也『小田急線沿線の1世紀』（世界文化社、二〇〇九年）
老川慶喜『日本鉄道史　幕末・明治編』（中央公論新社、二〇一四年）
老川慶喜『日本鉄道史　大正・昭和戦前編』（中央公論新社、二〇一六年）
小田急電鉄株式会社『小田急二十五年史』（小田急電鉄株式会社、一九五二年）
小田急電鉄株式会社『小田急五十年史』（小田急電鉄株式会社、一九八〇年）
小田急電鉄株式会社『小田急ものがたり』（小田急電鉄株式会社、一九八七年）
加藤一雄『小田急よもやま話　上・下』（多摩川新聞社、一九九三年）
野田正穂・原田勝正・青木栄一・老川慶喜『神奈川の鉄道 1872-1996』（日本経済評論社、一九九六年）
野田正穂・原田勝正・青木栄一・老川慶喜編『日本の鉄道　成立と展開』（日本経済評論社、二〇〇五年）
吉川文夫編『小田急　車両と駅の六〇年』（大正出版株式会社、一九八七年）

〈第一章〉
小林一三『逸翁自叙伝』（日本図書センター、一九九七年）
小田急電鉄株式会社編『利光鶴松翁手記』（大空社、一九九七年）
津金澤聰廣『宝塚戦略　小林一三の生活文化論』（講談社、一九九一年）
中村尚史「郊外宅地開発の開始」（橘川武郎・粕谷誠編『日本不動産業史』名古屋大学出版会、二〇〇七年所収）
三宅晴輝『小林一三伝』（東洋書館、一九五四年）
渡邊行男『明治の気骨利光鶴松伝』（葦書房、二〇〇〇年）
〈第二章〉
河村茂『新宿・街づくり物語―誕生から新都心まで三〇〇年―』（鹿島出版会、一九九九年）
越沢明『東京都市計画物語』（日本経済評社、一九九一年）
新宿区立新宿歴史博物館編『ステイション新宿』（新宿区教育委員会、一九九三年）
武英雄『内藤新宿昭和史』（紀伊国屋書店、一九九八年）
東京都新宿区『新修　新宿区史』（東京都新宿区、一九六七年）
東京都新宿区『新宿区史』（東京都新宿区、一九八八年）
芳賀善次郎『新宿の今昔』（紀伊國屋書店、一九七〇年）

（第三章）
今泉宜子『明治神宮―「伝統」を創った大プロジェクト』（新潮選書、二〇一三年）
大山町会『渋谷区大山町誌』（二〇〇四年）
渋谷区『図説渋谷区史』（二〇〇三年）
渋谷区教育委員会『ふるさと渋谷の昔がたり　第一集』（一九八七年）
渋谷区教育委員会『ふるさと渋谷の昔がたり　第二集』（一九八八年）
東京都渋谷区教育委員会『千駄ヶ谷昔話』（一九九二年）
辻野京子『まちの記憶　代々木上原駅周辺』（二〇〇三年）
（第四章）
荻野三七彦・森安彦ほか『世田谷区の歴史』（名著出版、一九七九年）
「小原国芳」（『私の履歴書文化人一九』日本経済新聞社、一九八四年）
成城学園『成城学園六十年』（一九七七年）
世田谷区総務部文化課文化行政係『ふるさと世田谷を語る　第四号』（一九九八年）
世田谷区総務部文化課文化行政係『ふるさと世田谷を語る　第九号』（一九九五年）
世田谷区総務部文化課文化行政係『ふるさと世田谷を語る　第一一号』（一九九七年）
世田谷区総務部文化課文化行政係『ふるさと世田谷を語る第一三号』（一九九五年）

高嶋修一『都市近郊の耕地整理と地域社会』（日本経済評論社、二〇一三年）
東京都世田谷区『新修　世田谷区史　下巻』（一九六二年）

（第五章）

狛江市教育委員会『史料にみる狛江の近代（1）』（一九九三年）
拙稿「私鉄会社による路線・駅舎用地買収と地域社会―小田原急行鉄道㈱の事例―」（『専修経済学論集』第四八巻二号、二〇一三年所収）。
狛江市企画広報課『狛江・語りつぐむかし』（一九九〇年）
狛江市中央公民館『平成一三年度郷土のむかし講座』（二〇〇一年）

（第六章）

生田地区町会連合会『生田地区町会連合会創立四〇周年記念誌　生田』（二〇〇一年）
伊藤葦天『稲毛郷土史』（一九七〇年）
川崎市多摩区栗谷町会『栗谷のあゆみ』（二〇〇四年）
白井禄郎「小田急線開通の記録」（稲田郷土史会『あゆたか』第一七号、一九八〇年所収）
拙稿「向ヶ丘遊園の経営史―電鉄会社付帯事業としての遊園地業」（専修大学社会科学研究所『社会科学年報　第四二号』（二〇〇八年）
「多摩区地域史」編集委員会『多摩区 OLD & TODAY』（一九九三年）

「伸びゆく農協」研究会編『川崎市多摩農業協同組合史』（川崎市多摩農業協同組合、一九六九年）
友和会『向ヶ丘遊園小史』（一九八八年）
（第七章）
飯塚重信『柿生村と私のあゆみ』（一九七九年）
柿生昭和会編纂委員会『ふるさと柿生に生きて～激動八〇年の歩み～』（二〇〇六年）
大塚新平『多摩の郷土史 ゆりが丘とその周辺』（大塚書店、一九七九年）
田中敏雄『金程山春秋』（二〇〇〇年）
（第八章）
下村栄安『町田街道』（武相新聞、一九七二年）
自由民権資料館『町田の歴史をたどる』（町田市教育委員会、一九八一年）
町田市史編さん委員会編『町田市史　下巻』（町田市、一九七六年）
町田の歴史をさぐる編集委員会『町田の歴史をさぐる』（町田市、一九七八年）
森山兼光『町田郷土誌』（久美堂、一九九六年）
（第九章）
相模原市『相模原市史　第四巻』（相模原市役所、一九七一年）
座間市『座間市史4近現代資料編2』（座間市、二〇〇三年）

座間市立図書館市史編さん係編『目で見る座間』（座間市、一九八六年）二九頁。
語り伝え聴き取り調査団『座間の語り伝え　交通・交易・住屋編』（一九七九年）

（第一〇章）

厚木市史編さん委員会『厚木市史史料集（10）交通編』（一九七六年）
海老名市編『海老名市史8通史編近代・現代』（海老名市、二〇〇九年）
海老名市編『海老名市史4資料編近代』（二〇〇二年）
鈴村茂編『厚木郷土史第二巻・現代編』（社会教育委員会、一九五四年）
鈴村茂編『厚木交通物語』（県央史談会厚木支部、一九七一年）
鈴村茂『厚木の商人』㈱神奈川情報社、一九八〇年）

（第一一章）

伊勢原市史編集委員会編『伊勢原市史　別編民俗』（伊勢原市、一九九七年）
伊勢原市史編集委員会編『伊勢原市史　資料編近現代2』（伊勢原市、二〇〇九年）
大原町郷土史研究会『大原町郷土誌温故知新』（大原町郷土史研究会、二〇〇七年）
櫛田和幸「小田急大秦野駅設置に関する新聞記事」（『秦野市史研究九号』一九八九年所収）
柘山寿郎『鶴巻温泉の歴史―創始者利光鶴松翁を偲んで―』（近代文芸社、一九八八年）
秦野市『秦野市史通史3　近代』（秦野市、一九九二年）

秦野市教育研究所『秦野の近代交通』（秦野市教育研究所、二〇〇〇年）

（第一二章）

小田原市立図書館編『小田原市史ダイジェスト版　おだわらの歴史』（二〇〇七年）
小田原市お年寄りの生活体験聞き取り調査会『聞き語りおだわらふるさとの記憶』（一九九七年）
加藤利之『箱根山の近代交通』（神奈川新聞社、一九九五年）
箱根温泉旅館協同組合編『箱根温泉史』（一九八六年）
平野富雄『箱根二十湯―やさしい温泉入門』（神奈川新聞社、一九九四年）

クロスカルチャー出版主催・文化講演会開催

第１回　演題『図書館に訊け！と訴える』
講師　井上真琴（大学コンソーシアム京都副事務局長）
2009年11月７日開催

第２回　演題『詩人西脇順三郎を語る』
講師　澤　正宏（福島大学教授／近現代文学）
2010年５月８日開催

第３回　演題『江戸時代を考える―鎖国と農業』
講師　矢嶋道文（関東学院大学教授／比較文化史）
2010年11月20日開催

第４回　演題『移動・文化的接触：雑誌「平和」をつくる人びと―日本・アメリカ・イギリスとの交流―』
講師　坂口満宏（京都女子大学教授／文化史）
2011年５月28日開催

第５回　演題『日米の架け橋―シカゴ流よもやま話』
講師　奥泉栄三郎（シカゴ大学図書館日本研究上席司書）
2011年11月12日開催

第６回　演題『今 原発を考える―フクシマからの発言』
講師　安田純治（弁護士）・澤　正宏（福島大学教授）
2012年６月16日開催

第７回　演題『危機に立つ教育委員会』
講師　高橋寛人（横浜市立大学教授／教育行政学）
2012年12月８日開催

第８回　演題『慰安婦問題』
講師　林　博史（関東学院大学教授／政治学）
2013年７月13日開催

第９回　演題『徳川時代の平和』
講師　落合　功（青山学院大学教授／日本経済史）
2014年７月19日開催

第10回　演題『大学文系が危ない』―大学問題を考える
講師　光本　滋（北海道大学准教授／高等教育論）
2016年７月開催予定

（敬称略。講師肩書きは講演会開催当時のものです）

小社では講師を招き文化講演会を開催しております。詳細は小社ホームページをご覧下さい。（http://www.crosscul.com）

永江　雅和（ながえ　まさかず）

1970年生まれ。専修大学教授。
一橋大学経済学部卒、同大経済学研究科後期博士課程単位取得退学。博士（経済学）。

論文・編著書

著書
『食糧供出制度の研究』日本経済評論社、2013年
論文
「世田谷区の農地転用と農業委員会1960～1975」
（東京大学社会科学研究所『社會科學研究』58／3･4号）2007年
「向ヶ丘遊園の経営史－電鉄会社付帯事業としての遊園地業－」
（専修大学社会科学研究所『社会科学年報』第42号）2008年
「私鉄会社による路線･駅舎用地買収と地域社会－小田原急行鉄道㈱の事例」
（専修大学経済学会『専修経済学論集』48／2号）2013年
共著「よみうりランドと川崎市戦災復興事業－戦後レジャー会社と地方競馬」
（専修大学社会科学研究所『社会科学年報』48）2014年など。
共編著ほか
分担執筆『高度経済成長期の農業問題』日本経済評論社、2000年
分担執筆『日本不動産業史』名古屋大学出版会、2007年
分担執筆『人は何を旅してきたか』専修大学出版局、2009年
分担執筆『1950年代と地域社会』現代史料出版、2009年
分担執筆『東京オリンピックの社会経済史』日本経済評論社、2009年など。

小田急沿線の近現代史　　CPC リブレ No.5

2016年3月31日　第１刷発行
2019年1月31日　第２刷発行

著　者　永江雅和
発行者　川角功成
発行所　有限会社　クロスカルチャー出版
〒101-0064　東京都千代田区神田猿楽町2-7-6
電話 03-5577-6707　FAX 03-5577-6708
http://crosscul.com
装　幀　永江智明
印刷・製本　石川特殊特急製本株式会社

ISBN 978-4-905388-83-8 C0021 Printed in Japan